走进社会学

见天地 见众生 见自我

吴越  编著

图书在版编目（CIP）数据

走进社会学 / 吴越编著. — 北京 ：西苑出版社，2018. 6
（2022.1 重印）
ISBN 978-7-5151-0629-8
Ⅰ. ①走… Ⅱ. ①吴… Ⅲ. ①社会学—研究 Ⅵ. ①C91

中国版本图书馆 CIP 数据核字（2018）第 098738 号

走进社会学

出 品 人 赵 晖
责任编辑 汪 莉
责任印制 陈爱华
责任校对 白毅娟
封面设计 宋晓亮
出版发行 西苑出版社 XIYUAN PUBLISHING HOUSE
通讯地址 北京市朝阳区和平街 11 区 37 号楼 邮政编码：100013
电 话 010－88636419
E－mail：xiyuanpub@ 163. com
印 刷 天津雅泽印刷有限公司
经 销 全国新华书店
开 本 710mm × 1000mm 1/16
字 数 152 千字
图 数 8 幅
印 张 10. 75
版 次 2018 年 6 月第 1 版
印 次 2022 年 1 月第 3 次印刷
书 号 ISBN 978-7-5151-0629-8
定 价 35. 00 元

目录 CONTENTS

第一章

Chapter 1

想象力——

社会之学

本书从“社会学的想象力”这一特殊性写起，展示了社会学“见天地，见众生，见自我”的本质精髓，并从“从人看社会”和“从社会看人”两个角度来深入剖析社会学，同时适时插入案例，便于理解应用。此外，本书对社会学的起源及理论传统、社会学的研究方法及其应用进行了系统的阐释和案例分析，理论与实际相结合，内容丰富，简单易懂，对于想了解社会学的读者来说，有很好的入门启蒙作用。

即便你翻开本书时对社会学一无所知，在读完本书后，你也能形成一种印象，这种印象将使你在面对一些观点和做法时，能迅速地领悟到：没错，这是社会学的观点和做法。

■ 社会学的概念

众说纷纭的社会学

从“重”的教材开始学习的社会学专业学生，往往容易陷入术语和话题堆积而成的迷宫，因为教材中过多的信息使得“社会学”的原本面目模糊难辨，这也是许多入门教材实际上并不适合用来“入门”的原因。要识别这一点非常简单，你只要向社会学专业学生问一个问题：“社会学是什么?”有些人会回答说，社会学是用来解释社会生活中的各种现象的，他们会进一步说这些现象包括社会制度、社会组织、社会结构、社会变迁等；也有些人会说社会学是专门研究人的社会行动的科学；更多的人会告诉你，哎呀，这可不是一个容易回答的问题，它非常复杂，我只能告诉你社会学是一门研究社会的科学。坦白地说，在社会学专业人士看来，这些回答都是正确的，但对于非社会学专业人士来说，等于是废话。这对于学习其他大多数学科的人来说，实在是一件难以理解的事情：学社会学的人居然无法说清自己学的东西究竟是什么。

不过我也要为社会学专业学生辩护一下：之所以感到难以回答“社会学是什么”的问题，是因为在经受了专业训练后，我们看到这个问题的第一反应就是去为社会学这个“概念”寻找“定义”。所谓的“定义”，通常表现为抽象度高的、涵盖面广的一两句话。而社会学的研究对象是“社会”，它的涵盖面实在是太广了。更让人头痛的是，它还处于不断的变化状态中。因此，要用精简的一两句话来定义“社会学”，就不是一件易事。杨宏峰在他的《何谓社会学》中给出了十分规范的定义。他认为，社会学是一门从社会整体出发，通过社会关系和社会行为来研究社会的结构、功能、发生、发展规律的综合性学科①。可以说，这个定义已经是“标准答案”了，它完全可以帮助社会学专业学生在考试中拿到高分。然而，这个答案对于非社会学专业的人士来说，其复杂程度并没有得到丝毫降低，因为它的手法是用专业术语来解释专业术语，大多数人还是无法知道“社会学”究竟是什么，因为他们并不知道“社会整体”“社会行为”“结构”“功能”是什么意思。为了解答疑惑，他们不得不翻阅厚重的教材，找寻这些概念的释义。但令人沮丧的是，在这个过程中，他们将邂逅更多的专业术语，似乎这场文字游戏永远没有尽头。显而易见，我们不仅难以给“社会学”一个简洁明了的定义，而且即使我们给出了一个规范的定义，它也难以被初识社会学的人消化和吸收。换句话说，抽象的定义无法传达社会学的精髓，而庞杂的说明又会让人迷失在术语的宫殿中。

社会学的想象力

那么，是否存在一个核心的概念，它能够反映出社会学的本质，使得对社会学的说明不再那么复杂？答案是：有的，那就是“社会学的想象力”。这个概念是指一种心智品质，它能帮助人们以局外人的身份审视自己和他人，帮助人们运用所了解的情况发展理性，以清醒地总结世界上正在进行和将要发生的事情。这种心智品质赋予个人将自己置于时代之中的能力，使其真正理解自己的经历并把握自身的命运，明了自己的生活机遇②。

如果社会学只用来做一件事，那么这件事就应当是将“社会学的想象力”这一概念普及给千千万万的大众。因为这个概念阐明了这门学科的要领和宗旨，也充分代表了这门学科的使命，那就是赋予人们理解自身命运与广大社会之联系的想象力。这个概念是由美国著名的社会学家

---

① 杨宏峰．何谓社会学．北京：中央编译出版社，2010.

② 赖特·米尔斯，著．李康，译．社会学的想象力．北京：北京师范大学出版社，2017.

赖特·米尔斯（Charles Wright Mills）在其《社会学的想象力》一书中提出的。也许非社会学专业的人更多听说过他的《权力精英》和《白领：美国的中产阶级》，但这本书可以说是米尔斯智慧的最大成果。时至今日，这可能是唯一一本所有社会学专业学生都耳熟能详的专业著作，而“社会学的想象力”这个概念引领了一代又一代社会学人进入学科殿堂。虽然这个概念并没有正面给出社会学的定义，但它超越了单纯的定义，直接将社会学最本质的精髓展露了出来，用最简洁的话来说，社会学就是“见天地、见众生、见自我”。用艾伦·约翰逊的话来说，社会学就是“见树又见林”[①]，树就是个人，树林就是社会，社会学的精髓就是在树林层面把握树的位置和命运，同时在树的层面窥探树林的结构和发展历程，两个方面缺一不可。

---

① 艾伦·G. 约翰逊，著. 喻东，金梓，译. 见树又见林：社会学与生活. 北京：中国人民大学出版社，2008.

■“想象力”的由来

米尔斯是在什么样的时代背景下看透社会学的本质？他又为什么要提出“社会学的想象力”呢？回答这些问题有助于我们进一步理解“想象力”的真意。

“斗士”米尔斯

米尔斯生于1916年，当时恰逢第一次世界大战，幸而美国远离战区。他成长于第一次世界大战与第二次世界大战的间隙，二十岁出头正在威斯康辛大学攻读博士期间，第二次世界大战爆发，他本想为国尽瘁，但因身体检查不合格而未能踏上战场。1945年第二次世界大战结束之际，他在纽约谋得了哥伦比亚大学的研究工作，此后转到社会学系任教职，一直持续到他1962年英年早逝。① 纵观米尔斯的一生，他在童年时经历了“大萧条”②，在就读大学期间经历了“罗斯福新政”③，在哥伦比亚大学工作期间一方面见证了美国战后繁荣的黄金时期，另一方

① 孙中兴．米尔斯《社会学的想象》导读．节选自《社会学的想象》，米尔斯，著．张君玫，刘钤佑，译．台北：巨流图书公司，1995.

② 1929年至1933年，从美国蔓延至许多资本主义国家的经济危机导致这些国家国民生产总值急速下降，资本家损失惨重，工人和农民生活困苦。

③ 1933年至1939年，为应对大萧条，罗斯福任总统之后推行了一系列新政策，主要以凯恩斯主义代替放任自由的经济政策，使政府介入经济运行的能力大大增强，从而缓解了大萧条带来的经济衰退和社会矛盾。

面也先后见证了杜鲁门主义[①]、麦卡锡主义[②]等冷战的产物。这些时代的印记在米尔斯的一系列著作中处处可见，如他的美国社会阶层研究三部曲[③]，反映了美国战后繁荣时期社会阶层和权力结构的新变化和隐藏于盛世之下的危机，而他的《第三次世界大战的起因》和《听好了，美国佬！古巴在革命》则充分代表了他在冷战期间不为国家意识形态所束缚的批判性思考能力。

可以说，在米尔斯个人的学术和非学术生涯中，都贯彻了自己晚期所总结的"社会学的想象力"，即将个人小我的生命与社会大我的生命勾连起来，并以此生成公共议题警醒世人。当几乎所有美国人都沉醉在黄金时期的欣欣向荣中时，当几乎所有同胞都视社会主义和共产党为洪水猛兽时，米尔斯以冷静的思考、翔实的实证资料、清晰的理论逻辑、流畅的文字在盛世之下进危言、在举国反共之时为"国家公敌"辩护。

《社会学的想象力》的主要内容

米尔斯不仅对社会体制和时政局势展开批判，也对当时的社会学研究成果进行批判，后者构成了《社会学的想象力》一书的主要内容。当时有两大研究取向统治了社会学研究：一是以帕森斯[④]的《社会系统》为代表的结构功能主义，其特点是以复杂艰深的概念构建解释一切社会现象的宏大理论；二是以拉扎斯菲尔德[⑤]的《社会研究的语言》为代表的抽象经验主义，其特点是以精巧繁复的统计学方法将社会问题转

---

① 1947年杜鲁门总统宣称：美国有领导"自由世界""援助"某些国家"复兴"的"使命"，以"防止共产主义的渗入"等。

② 1950年至1954年，美国参议员麦卡锡掀起了反共运动，迫害美国国内的共产党员和亲共人士，其影响遍及美国公民生活的方方面面。

③ 《权力新贵：美国劳动领袖》《白领：美国的中产阶级》《权力精英》。

④ 塔尔科特·帕森斯（1902—1979），美国社会学家，结构功能主义流派的代表人物，他所提出的社会行动理论，在20世纪五六十年代几乎主导了社会学界，被誉为美国现代社会学的奠基人。

⑤ 拉扎斯菲尔德（1901—1976），美籍奥地利人，著名社会学家、传播学家，将统计学应用于社会学，传播学研究的代表人物，是传播学的四大奠基人之一，他为量化研究方法的发展做出了巨大的贡献。

化为数学计算。

米尔斯认为这两种研究取向与知识分子的科层化共同造成了社会学的闭塞与保守，即脱离了对社会的关怀，人为地筑起了社会学与社会大众之间的壁垒，也使得知识分子不再注重对社会的改造，而是在维护现有体制的基础上对一些细节进行修修补补，全然放弃了想象一种更好的社会。《社会学的想象力》一书先破后立，一方面批判了上述两种研究取向，另一方面也批判了学术圈的科层化（学阀林立、学商勾结），然后引出了上文所提到的“想象力”的要旨，希望以此匡正社会学的发展趋势。

盖棺定论

诚然，米尔斯的“刺头”性格使之树敌不少。在哥伦比亚大学任教期间，与其他学者的人际关系一直很差，对社会主流观点的批判也使他在大众中毁誉参半，同时他对帕森斯、拉扎斯菲尔德等人的批判也非全然在理，读者们需要带着审慎的眼光去看待，而非奉之如神明。尽管如此，在米尔斯逝世后，美国社会学学会设立了“米尔斯奖”，用以奖励优秀的社会学著作，这是社会学家所能得到的最高荣誉之一。而《社会学的想象力》一书，几乎每逢其出版纪念日，世界一流刊物都会纷纷组织专版纪念，这在浩如烟海的社会学著作中是极其罕见的现象，也足见学界对该书以及米尔斯的肯定。

■“想象力”的示例：爱情，不只是两个人的事

尽管上文已经多次解释了“想象力”的内涵，但仅凭枯燥的概念和术语，容易使其沦为空洞的口号，而“想象力”原本是一种对实践的号召，强调人们把个人的经历和时代的历史相结合、把个人所在的小环境和社会整体的大环境相关联，这就是“想象力”的历史性和社会性①。

这本小书是面向公众的，诚如米尔斯所说，既然写一个东西是为了要给公众看，而不是给学术同行看，那么就要避免学术行话、套话，就至少要把道理说得入情入理——入普通人之情、入普通人之理②。因此，本节将以对爱情的分析和思考为例，展现社会学是如何施展“想象力”的。

古今中外，从《梁山伯与祝英台》到《罗密欧与朱丽叶》，爱情一直被渲染为值得用生命去追求的美好事物，它凸显了个人对自由的向往。爱情是相爱之人的私事，不受也不应该受外在因素的影响，似乎已是理所当然的常识。然而，爱情真的只是两个人的事情吗？让我们发挥社会学的想象力，去挖掘爱情的历史性和社会性。

爱情的历史性

以中国为例，传统社会中，结婚奉父母之命、经媒妁之言，传宗接代是结婚的首要目的，延续和扩大家族的利益是婚姻的第二目的，而爱

---

① 赵刚．知识之锚．桂林：广西师范大学出版社，2005：54.

② 赵刚．知识分子米尔斯先生．读书，2003（11）：3－12.

情及夫妻之间的个人情感则最为次要。也就是说，尽管过去存在《桃花扇》《西厢记》《牡丹亭》这类歌颂爱情的戏曲故事，但是在普通人的生活中，爱情一直只是一种奢望。

直到20世纪初的新文化运动，婚姻自由、爱情至上的观念才开始普及，但其进程也是缓慢而波折的①。中华人民共和国成立后，《中华人民共和国婚姻法》颁布实施，凭借国家力量的介入，传统家庭因素对爱情的束缚逐渐减弱，婚姻自由被大力提倡。这也集中体现在女性地位的提升上，“三纲五常”形成的桎梏被打破，女性不仅可以自己挑选结婚对象，也能自主地结束一段婚姻关系。然而，国家力量很快就显得过于强势，反过来取代了传统家庭成为一种束缚力量。20世纪五六十年代，私生活在集体利益面前无足轻重，谈情说爱不久便被视为投身集体事业的阻碍②。到了六七十年代，儿女情长被当作资产阶级腐朽思想来对待。两人结合的原因应当是革命觉悟和阶级感情，而非私人化的爱情③。

直到80年代，伴随着改革开放带来的一系列社会变化，诸如家庭规模的缩小、经济和人民生活水平的提高、政治氛围的改善，还有个人主义思想的流入等，爱情作为私生活的重要部分，才重新成为公共话题④。从历史的视角来看，爱情并非天生就是相爱之人的私事，家庭和政治在很长时间内都对人们的爱情观和爱情实践发挥着极其重要的影响。

爱情的社会性

那么，在家庭约束和政治影响都减弱的当下，爱情是否就成为单纯

---

① 周晓虹，等．中国体验——全球化、社会转型与中国人社会心态的嬗变．北京：社会科学文献出版社，2017：226.

② 周晓虹，等．中国体验——全球化、社会转型与中国人社会心态的嬗变．北京：社会科学文献出版社，2017：228.

③ 周晓虹，等．中国体验——全球化、社会转型与中国人社会心态的嬗变．北京：社会科学文献出版社，2017：229.

④ 周晓虹，等．中国体验——全球化、社会转型与中国人社会心态的嬗变．北京：社会科学文献出版社，2017：231.

的私人决定呢？答案是否定的。

尽管20世纪末以来，美国的年轻人认为浪漫和激情是两人结合的首要因素[①]，即使对方具备了作为配偶所需的一切品质，年轻人还是很不愿意跟他们不爱的人结婚[②]。然而，不能忽视的是，这种“非爱不婚”观念的形成也有其社会背景，即美国的个人主义文化和经济繁荣，使得年轻人有自主决策的机会和能力[③]。“爱情至上”观念在中国流行的原因也大致相似，即个人主义文化的流入和经济的快速发展。

爱情的社会性远不止如此，即便是浪漫的爱情，也不能在真空中发展，它非常依赖他人的支持，尤其是家庭和朋友，而这背后是社会文化的影响。有两种婚姻规律被学者所发现，那就是婚姻匹配和婚姻梯度，前者是说夫妻往往在收入、学历、兴趣爱好等方面相差不大，后者是说夫妻之间往往丈夫的收入和学历会更高一些。你也许会说，这不是常识吗？但正是这种“常识”折射出了爱情的社会属性。如果爱情只是男女之间的私事，且“非爱不婚”的观念得到广泛认可，那为何最终步入婚姻的人们身上会体现出这种常识？用贝克和贝克－格恩斯海姆[④]的话来说，个人屈从于他们控制能力之外的力量，生活可能是自主的，但是它并不是随心所欲的[⑤]。换句话说，爱情受到外在于个人力量的约束，个人往往不由自主地适应这种约束，而这种约束来自社会结构以及个人在结构中的位置[⑥]。

---

① Hatfield，Elaine，Richard L. Rapson，and Katherine Aumer-Ryan. *Social Justice in Love Relationships*：*Recent Developments*. Social Justice Research 21，No. 4（2008）：31－413.

② 亚历克斯·蒂奥，著. 丛霞，译. 大众社会学. 7版. 北京：人民邮电出版社，2012：311.

③ 罗兰·米勒，丹尼尔·珀尔曼，著. 王伟平，译. 亲密关系. 5版. 北京：人民邮电出版社，2011：241.

④ 乌尔里希·贝克（1944—2015）和伊丽莎白·贝克－格恩斯海姆（1946—）是一对学术伉俪，均是德国著名的社会学家和思想家，贝克著作等身，其提出的“风险社会”“自反性现代化”等理论是社会学透视当代社会的典范，具有深远的理论和实践意义。

⑤ 英国DK出版社，著. 郭娜，译. DK社会学百科. 北京：电子工业出版社，2016：322.

⑥ “结构”这个术语在社会学中极其常用，它的意涵也十分复杂，本书后文将对其进行详细的讨论。在此，我们可以将“结构”想象为树林，将“个人”想象为树，这样我们就能粗略地体会到“结构”和“结构中的位置”如何影响“个人”的命运。

群体之学

实际上，像爱情这样看似私人的事，实则蕴含着历史性和社会性的事物还有很多，如购物、犯罪、失业、自杀、信仰等。现代社会，人们习惯了从个人角度解读生活，将幸运与不幸都归结到个人身上，而社会学的想象力则能让我们超越个人的视角，透过现象看到事物与其他事物的关联，看到它们是如何嵌入更大的历史范畴和社会范畴之中。

需要注意的是，社会学的想象力不等同于将个人的责任推卸给社会，如果你认为社会学就是为了证明“一切都是社会的错”，那你就是大错特错。其中的要点在于，社会学认为个人是群体的一部分，个人的困扰常常是群体困扰的一个缩影，尽管个人有着不可捉摸的特殊性，但群体是有规律可循的，这也是社会学在近代传入中国之际，严复等人将其称为“群学”的原因。

下面仍旧以爱情为例解释上述这段话。1985 年出生的小张是某个农村家庭的独生子，今年 32 岁的他已经是村中的剩男，他想要拥有一段能迈入婚姻的爱情，但却屡屡受挫。究其原因，小张认为还是由于自己相貌平平、文化水平不高并且不会讨女孩子欢心。从小张的视角来看，这一总结是完全合理的。然而，同一时间，我们可以看到全国有数以千万计的“小张”，这个数量是史无前例的，我们不可能以解释一个小张的方式来解释这么多小张“被剩下”的原因。而从群体的角度出发，我们可以看到，其根本的原因在于中国人口出生性别比的严重失衡。第六次人口普查显示，“80 后”单身人口男女比例为 136:100，“70 后”单身人口男女比例为 206:100，在 30 ~ 39 岁的男性中有 1 195.9 万人处于单身，而同一年龄段中只有 582 万女性处于单身。婚姻匹配的原理告诉我们，夫妻间的年龄差距不会太大，这就意味着在实行一夫一妻制的社会中，这个年龄段必然会出现大量的“剩男”。而进一步分析可以发现，剩男往往来自农村、学历较低，剩女往往居住于城市、学历较高，根据婚姻梯度的规律，这个年龄段的剩男和剩女将很难结合在一起①。因此，我们可以看到，在特殊历史（计划生育）和传统文化（重男轻女）的影响下，同年龄段男女人数的失衡使“剩男”的出现成为必然，这个“剩男”即使不是“小张”，那也会是“小李”或者“小王”。同时，婚姻制度（一夫一妻）和社会文化（男尊女卑）又进一步阻碍了“小张”们实现脱单。如此一来，我们便将小张的个人困扰赋予了历史性和社会性，将之与更大的社会现实联系起来。小张当然对自己的状况负有责任，他可以通过努力学习、提升自己来走出困境。但这种方法难以解决千千万万个小张的困扰。在群体的层面，我们不能以个人的方式来寻找出路，而需要我们从社会整体的角度来探索解决办法。

总而言之，社会学所涉及的，一是社会对许多看似私人之事有不可抗拒的约束力，二是社会对许多看似个人的问题有不可推卸的责任。

① 周晓虹，等．中国体验——全球化、社会转型与中国人社会心态的嬗变．北京：社会科学文献出版社，2017：243.

■ 社会学，是一种思考方式，也是一门科学

“想象力”是社会学特有的思考方式，它揭示了这门学科的精髓所在。然而，仅仅知道这种思考方式，最多只能算了解了社会学的冰山一角，因为社会学的本质不仅在于它的视角，更在于它的方法和实践，也正是后者令社会学成为一门科学。

社会学为何是科学

科学就是借助系统的观察方法，在混乱的经验现象中探索规律并寻找最适合的理解途径。也就是说，一门学科要成为一门科学，必须有自己的研究对象和研究方法。社会学的研究对象是人类行为，具体地说，社会学研究的是个人如何在群体中行动以及群体如何影响个人的行为[①]。社会学也有自己的研究方法，分为定量研究方法和定性研究方法，二者主要的区别在于是否以数学为基础搜集和分析资料。

科学的研究方法使社会学区别于一般的社会常识，因而尽管人人都生活于社会之中，但并不是人人都能成为社会学家。面对一个属于社会学研究范围的问题，社会学家会首先形成“假设”，也就是一种暂时性的陈述来阐述这个问题的成因和影响[②]；然后以特定的方法（调查法、观察法、文献法、实验法等）来“检验”这个假设。我们把得到验证的一些假设组合在一起，就形成了“理论”。一个好的理论应当有很强

---

① 英国DK出版社，著. 郭娜，译. DK社会学百科. 北京：电子工业出版社，2016.

② 亚历克斯·蒂奥，著. 丛霞，译. 大众社会学. 7版. 北京：人民邮电出版社，2012.

的解释能力与预测能力，它必须能从看似独立的现象中找到规律[①]。最后，这些理论会作为“概念”流传下来。概念就是对经验事物的理性概括，它是高度凝练的，往往只有寥寥数字，却体现了对事物规律的精准把握，如前面提到过的“婚姻匹配”和“婚姻梯度”。概念构成了科学的基本要素，而从根本上来说，社会学就是要学会用社会学的概念来思考。

社会学与其他科学的区别

当然，社会学与其他科学存在着很大差异。一般把科学分为自然科学和社会科学，前者顾名思义就是以自然界为研究对象的科学，包括物理学、化学、生物学等，后者是以人类社会为研究对象的科学，包括政治学、历史学、心理学、经济学和社会学等。

事实上，社会学在诞生之初，其公认的创始人孔德[②]在最初就称呼这门新的科学为“社会物理学”，他坚信社会秩序的力量可以用与物理和化学相同的法则来解释，而且应用社会学也能带来社会变革，就如同应用科学带来了技术进步一样[③]。然而，随着社会学的发展，人们逐渐抛弃了这种观点，相反，人们愈来愈意识到人类社会与自然界有着极大的不同。因此，社会学也不再以物理学、化学来类比自身。

社会学也与其他社会科学存在区别。政治学是研究国家、政府以及各种行使这两者职能机构的科学，经济学是研究人们的经济活动及其原理的科学，历史学研究人类过去的历史及其规律，心理学则研究人类心理活动及其机制。我们以汶川大地震为例来识别它们的不同：政治学家会研究不同政府机构的响应态度和措施，以此分析我国的政治制度运行

---

① 理查德·谢弗，著. 赵旭东，译. 社会学与生活. 11版. 北京：世界图书出版公司，2011.

② 奥古斯特·孔德（1798—1857），法国社会学家，公认的社会学创始人，在其《实证哲学教程》中提出了“社会物理学”，后改为“社会学”，同时提出了社会静力学和社会动力学两大社会学研究范围，同时也提出了基本的社会学研究方法，为此后的社会学发展做出了巨大贡献。

③ 英国DK出版社，著. 郭娜，译. DK社会学百科. 北京：电子工业出版社，2016：18.

状况；经济学家将调查经济损失及其对该区域经济的影响；历史学家将分析国内外同类灾难的案例，通过对比来评价此次灾难的影响；心理学家则致力于缓解灾难给人们带来的心理压力；而对于社会学家来说，他们将更多地关注灾后重建过程中，国家、社会、个人之间的互动，不仅关注受灾群体在身体、心理和经济水平上的恢复，也关注他们灾后的社会关系重建和社区适应过程。

其他社会科学的研究对象也都是社会的一部分，因此，当我们重点研究其中涉及人与社会的互动关系时，就成为了一种社会学研究。于是，我们便得到了政治社会学、历史社会学、社会心理学和经济社会学这些社会学的分支学科。

社会学的科学特点：实证与诠释

“实证”可以理解为“用经验事实来证实假设”，指的就是社会学家善于运用各种调查方法来佐证自己的观点，也就是“用事实说话”。“实证”要求社会学家深入了解所研究的对象，并以客观的态度记录和分析研究中所观察到的事实。

自孔德将“实证”作为“社会学之所以为科学”的立足之本后，法国社会学家埃米尔·涂尔干①率先将这一思想真正用于具体问题的研究之中。他挑选的研究问题是“自杀”。他认为，像自杀这样最为个人化的问题，若能从社会层面找到规律，就能证明社会学研究方法的实用性，同时能证明社会学的存在价值。在此，涂尔干已经体现出了“实证研究”的第一个要义，那就是从初步的假设出发（自杀有其社会性原因），进而从搜集的资料中演化出更具体的推测，最后再以资料验证假设和推测。

他认为要做到这一点，就要把目光从“自杀”转向“自杀率”。于

① 埃米尔·涂尔干（1858—1917），法国社会学家，与卡尔·马克思、马克斯·韦伯并称为社会学三大奠基人，其奠定的实证社会学研究方法对后世的社会学发展具有深远的影响。他是“百科全书式”的学者。

是，他收集了英国、法国、丹麦在1869年的自杀人数。此时，涂尔干已经实践了“实证研究”的第二个要义，那就是将特定社会在特定时间内所存在的某种事物作为一个整体来考虑，这个整体就会脱离个人的混乱随机，而呈现出某种规律。

涂尔干利用自杀率的数据驳斥了自杀的心理原因论和自然原因论。这里呈现了“实证研究”的第三个要义，即以数据和经验事实作为依据来进行因果分析。涂尔干指出了依照心理原因论和自然原因论，自杀率“应当”呈现出怎样的变化，而真实的自杀率与这种“应当”大相径庭，因此，这两个关于自杀原因的假设也就被推翻了。

之后，涂尔干提出了自己的假设：社会整合程度影响自杀率。社会整合就是来源于宗教、家庭、职业团体、政治动员等因素的社会凝聚力（团结程度）。涂尔干认为社会凝聚力过低和过高都会使自杀率上升。他在数据中发现了一系列证据，如新教徒比天主教徒的自杀率高，未婚人士比已婚人士自杀率高，士兵比平民自杀率高，和平时期比战乱时期自杀率高等。涂尔干的这套自杀理论令人信服，其原因就在于他的结论并非来自空想，而是出于详实的数据分析。

当然，涂尔干式的“实证”也并非社会学的全部，社会毕竟不同于自然界，不可能完全以数据分析的方式来进行研究。德国社会学家马克斯·韦伯①认为，“诠释”和“理解”在社会学研究中至关重要。尽管如涂尔干所说，人类行为受到社会的诸多制约，但我们也不应忘记，正是人类的互动组成了社会，人的行为也会反过来改变社会。因此，社会学研究不应只关注宏观层面的社会现象，也应关注微观层面的个人经验。这并不是要我们回到生理和心理的层面来理解社会，而是说通过对个人行为的诠释性理解，来发掘社会规律是如何形成以及如何产生影响的。我们把这种研究称为对“机制”的探索。诠释研究也属于广义的实证研究，但它并不采取数据分析的方法，而是采用观察和访谈的方

① 马克斯·韦伯（1864—1920），德国社会学家，是社会学三大奠基人之一，一生成就斐然，在经济、历史、政治、宗教、哲学等领域都颇有建树。他给社会学留下了许多宝贵的遗产，如对于“诠释”和“理解”在社会学研究中的作用的强调。

法。美国社会学家怀特为了研究闲荡于街头的青年（也就是俗称的“混社会”人士）的生活方式以及他们与周围社会的关系，亲自进入一个贫民区并加入了当地街头青年的一个帮派，参与这些青年的日常活动，进而在参与中观察和记录他们的言行举止，最后以这些青年为窗口窥探了当地各种组织的运行方式，总结出了当地的社会结构。怀特据此写成的《街角社会》，至今仍是参与式观察研究方法的典范之作。

总而言之，社会学是一门丰富、严谨而又有趣的学科，本章简略回答了“社会学是什么”这个问题。接下来的章节将梳理社会学的历史、主要理论、研究方法以及代表人物。当你更深入地了解社会学的面貌之后，也许你将对“社会学是什么”这个问题得出属于你自己的答案。

第二章

Chapter 2

社会学的起源及理论传统

本章我们将领略社会学的发展历程，但要完全回顾大约170年的社会学历史，实在非本书所能胜任，因此，我选取了几个最具代表性的发展阶段，涵盖了社会学的起源和主要的理论传统，从而为读者呈现一个社会学史的大致轮廓。

首先，我们将回到19世纪上半叶的欧洲，去追溯社会学的创始人——奥古斯特·孔德，这个孤独的法国天才在他悲情的一生中发明了“社会学”。然后，去了解一个对近代中国颇有影响的英国人——赫伯特·斯宾塞，他发展并传播了社会学的思想。

到了19世纪下半叶，出现了三位真正将社会学完善为一门学科的人物，他们分别是卡尔·马克思、埃米尔·涂尔干和马克斯·韦伯。这三人被称为社会学的“三驾马车”，直到今天，社会学的诸多理论传统和研究议题都深受他们的影响。

以上被称为社会学的古典时期，进入20世纪之后，社会学进入现代时期，其发展中心从欧洲移到美国。我将在此介绍社会学的三大理论传统，即功能论、冲突论和互动论。这三大传统上承社会学奠基人的思想主旨，下启社会学在各种领域的百花齐放，是了解社会学历史的必经之路。

最后，从20世纪七八十年代起，社会学进入后现代时期。我们又要将目光转回欧洲，在那里，一个名为后现代社会学的理论视角开始兴起，它对先前的社会学思维方式进行了颠覆，指出了社会学的另一种可能。

古典时期

这是社会学萌芽与奠基的时期，是当今社会学的源头。了解任何一门知识的历史，都离不开对源头的探索。社会学的源头之处，已是巨星荟萃，限于篇幅，本书不得不舍弃诸如阿历克西·德·托克维尔、维尔弗雷多·帕累托、斐迪南·滕尼斯、格奥尔格·齐美尔、西格蒙德·弗洛伊德等十分重要的社会学家，而将关注点放在两位社会学的早期创始人——孔德与斯宾塞和三位社会学的奠基人——马克思、涂尔干与韦伯之上。

奥古斯特·孔德——社会学创始人

奥古斯特·孔德（Auguste Comte，1798—1857），1798 年出生于法国的南部小城蒙彼利埃。他的父亲是底层公务员，拥护天主教和君主制。孔德在少年时期就背离了父亲，放弃了天主教信仰，并成为反对皇帝的共和主义者。1814 年，孔德考入当时的法国名校——巴黎综合工艺学校，在那里接受了系统的自然科学教育，并深受启蒙主义思想的熏陶。值得注意的是，当时的法国局势动荡、风云变幻、革命不断，孔德的一生经历了七个政权的更迭，可谓阅尽世间之无常，而他的人生和思想也不可避免地受到时局的影响。1816 年，受波旁王朝复辟的影响，学校将孔德等学生开除学籍。自此，孔德充满悲情色彩的一生拉开了序幕。他几乎一直靠着做私人教师的收入、稿酬和朋友捐赠来维持生计。尽管屡屡申请，但他从未获得过正式的教职，也从未真正被学术界接受。他的妻子几度出走，最终与他决裂；他的朋友不断离他而去；他的著作和思想追随者寥寥无几。在连连重创中，孔德的精神濒临崩溃，他在 1826 年患上了重度抑郁，差点投河自尽。但孔德最终克服了病魔，并在生活境遇没有什么改善的情况下，坚持写下了《实证哲学教程》(1830—1842)、《论实证精神》(1844)、《实证政治体系》(1851—1854)等鸿篇巨著，这些书构成了孔德思想的主要内容。晚年的孔德背离了他早期所提倡的科学与实证的思想，创立了“人道宗教”，并自诩为“大祭司”，希望以宣扬“爱”的方式来拯救人类。1857 年，孔德患上了胃癌，不久便与世长辞。此时他原先的朋友都已因他沉迷宗教而离去，只有为数不多的信徒陪他走完了最后一程。

在孔德不算漫长的一生中，几乎没有得到过世俗意义上的幸福。他有好几次差点迎来人生的转机，但命运就像铁了心要和他开玩笑，每次都令他陷入更深的不幸之中。我们将在下文一边回顾孔德的生平，一边介绍孔德的社会学思想。

邂逅圣西门

1817 年，孔德认识了年近花甲的圣西门——影响他一生的第一个人物。这位名望颇高的空想社会主义思想家对孔德的工作能力十分赏识，于是聘他为秘书。尽管在长达 7 年的合作中，孔德几乎没有从圣西门处领到薪水，但他们一直以师生关系相处，圣西门的诸多思想也深深感染了孔德。在此期间，孔德写了许多随笔和论文，这些后来组成了他的《社会哲学文集》的主要内容。这一阶段被雷蒙·阿隆称为孔德思想的第一个阶段①，他后来的整个实证哲学体系都可在此找到端倪。1824 年，二人之间发生了一次激烈的争吵。由于孔德拒绝在自己的新书上署老师的名字，更由于此时的孔德与圣西门有了越来越多的思想分歧，最终这两位思想大师不欢而散。

离开圣西门后，孔德难以在学术界找到一席之地，继续过着穷困而默默无闻的生活。1825 年，他与曾为妓女的卡罗琳·玛森结婚，但这

① 另两个阶段分别以《实证哲学教程》和《实证政治体系》为标志。——雷蒙·阿隆，著. 葛志强等，译. 社会学主要思潮. 上海：上海译文出版社，2005：49.

段婚姻并没有给他带来多少安慰，反而成为又一种折磨[①]。此后孔德罹患抑郁症，愈后性格变得愈发乖张孤僻，他处处得罪要人，导致其生活境遇几无起色。然而，在这种凄惨的生活状态下，他依然设法完成了六大卷的《实证哲学教程》。

《实证哲学教程》

《实证哲学教程》（以下简称《教程》）一书主要是从哲学的角度汇总了数学、天文学、物理学、化学、生物学等自然科学的成果，由此可看出孔德的博学多才。在这本书中，孔德第一次提出了“社会学”的说法，从而使他成为了社会学的创始人。《教程》中有两个为后人所熟知的核心思想：人类的三个阶段、实证科学体系的分类。

孔德将人类的历史和智力发展分为三个阶段：神学——虚构阶段（1300 年以前）、形而上学——抽象阶段（1300—1800 年）、科学——实证阶段（1800 年之后）[②]。孔德认为：第一阶段是祭司和军人掌管的社会；第二阶段是牧师和法官控制的社会；第三阶段则是科学家和工业家主导的社会。这三个阶段是一个从低级到高级的过程。这种“进化”的观点也体现在孔德对科学的分类上。《教程》几乎探讨了所有科学，而根据“实证”的程度，名为“社会学”的新科学站在了最高峰。孔德认为其他科学都只研究个别的现象，唯有社会学从整体入手，把社会看作一个有机联系的整体，将个别的现象统一起来[③]。

《实证政治体系》

《教程》的出版为孔德赢得了声誉，他的名声甚至传到了英国，著名的思想家约翰·穆勒也对他赞赏有加。然而好景不长，孔德与妻子决裂，由于得罪了太多人，他还丢了一份工作。此时正是 1844 年，在孔

① 刘易斯·A. 科塞，著. 石人，译. 社会思想名家. 上海：上海人民出版社，2007：15.

② 关于什么是“实证”，孔德在随后的《论实证精神》中给出了解释。该词主要有五个含义：真实的而非虚幻的；有用的而非无用的；肯定的而非犹豫的；精确的而非模糊的；肯定的而非否定的。——周晓虹. 西方社会学历史与体系. 上海：上海人民出版社，2002：41.

③ 冯波. 西方古典社会学理论. 北京：中国传媒大学出版社，2016：24.

德陷入又一个人生低谷之时，影响他一生的第二个人物出现了，那就是克洛蒂尔德·德·沃女士，当时她不满30岁，被丈夫所抛弃。孔德疯狂地爱上了她，并且在克洛蒂尔德的坚持下始终维持着柏拉图式的高尚爱情关系。一生坎坷的孔德，在与这位“天使”（孔德的说法）的爱情中，终于得到了情感上的慰藉。不幸的是，克洛蒂尔德一年后就去世了。孔德在悲痛之余将写作中的《实证政治体系》（以下简称《体系》）转为了悼念“天使”的铭文，并从此发誓以传播“爱”为己任，随后便着手建立了“人道宗教”。一代理性的思想大师就此站上了神学和宗教的舞台。

尽管如此，《体系》依然保留了许多孔德原本的思想。正是在这本书中，孔德提出了社会学的两大研究方向：社会静力学和社会动力学。前者把社会视作静止，研究社会秩序是如何发展的；后者从变迁的角度看待社会，研究社会如何才能进步。“秩序与进步”从此成为了社会学的研究主旨。这套思想漂洋过海在南美洲找到了它的追随者，至今巴西的国旗上依然镌刻着“秩序与进步”的格言[①]。也许是因为生逢乱世，对于孔德来说，比起“进步”，“秩序”更为重要。他在《体系》中阐明，社会就像一个有机体，家庭而非个人，是基本的细胞，使社会这个有机体获得灵魂的因素是语言、分工和宗教。孔德尤其重视宗教的作用，称它是社会团结的黏合剂，是使人们超越自私、建立道德的基石，是社会进步的最终保障。从这里可以看出，孔德日后抛弃了科学家的身份，化身为“人道宗教大祭司”，实际上也是实践着他的思想。

尽管包括穆勒在内，孔德的朋友都对他转向宗教备感失望，后来的社会学家也对孔德晚年的经历羞于启齿，但孔德依然是毫无争议的社会学创始人，为人类的知识发展作出了卓越贡献。他所提出的实证思想，即注重以经验事实为基础来验证和形成理论，尽管没能体现在孔德自己的实践中，但是对后世的社会科学研究方法产生了深远的影响。

---

① 兰德尔·柯林斯，迈克尔·马科夫斯基，著．李霞，译．发现社会之旅．北京：中华书局，2006：43.

赫伯特·斯宾塞——社会进化论

赫伯特·斯宾塞（Herbert Spencer，1820—1903）出生于英国中部的工业城市德比，由于早年体弱，他没有接受正式的学校教育，而是以受过高等教育的父亲和叔叔为家庭教师。成年后，斯宾塞放弃了入读剑桥大学，而是直接投身于工作，他的第一份工作是担任一条铁路的总工程师。铁路完成后他便赋闲在家，直到 1848 年，他才获得第二份正式工作——担任《经济学人》周刊的助理编辑。5 年后，他的叔叔去世，给他留下了一笔不小的遗产。于是他辞去了编辑的工作，从此过上了自由职业的生活。后来他的父亲也为他留下了遗产，加上他的崇拜者所给的资助，斯宾塞几乎从未有过生计上的困扰。相比孔德历经磨难的一生，斯宾塞可谓幸运得多。不仅生计无忧，而且斯宾塞在世时就声名显赫、广受尊敬，在 19 世纪的最后 25 年中，他的声望与达尔文比肩。如果就此认定斯宾塞的人生一帆风顺，也并不确切，他和孔德一样常年经受精神疾病的折磨，并且或许是因为从未上过学，他不擅长与他人建立亲密关系，尽管斯宾塞有着几位关系密切的朋友。他终生未娶，直到去世都过着单身和独居的生活①。斯宾塞和孔德一样涉猎广泛，他花了 40 年的心血，写成了《综合哲学》这部包罗万象的十卷本巨著。在此，我们仅讨论他思想中的社会学部分。

斯宾塞成年后所生活的时代是维多利亚时代，也就是大英帝国的鼎盛时期，这一社会背景在很大程度上影响了他的思想。斯宾塞的社会学理论主要包括社会有机体论和社会进化论，且前者主要是为了服务后者。

社会有机体论

和孔德一样，斯宾塞认为社会就像一个生物体，大众构成了不同的

---

① 斯宾塞唯一有过亲密交流的女性是他的好友乔治·艾略特，两人差点就结为夫妻，但斯宾塞在婚姻面前退缩了。后来乔治·艾略特成为了哲学家乔治·刘易斯的妻子。这对夫妻和斯宾塞一直保持着深厚的友谊。——刘易斯·A. 科塞，著. 石人，译. 社会思想名家. 上海：上海人民出版社，2007：93－99.

器官，维持着社会的运转。他认为社会有机体有六大器官：家庭制度、礼仪制度、政治制度、教会制度、职业制度和工业制度。这些器官又组成了三大系统，分别是生产系统、分配系统和调节系统①。擅长生物学的斯宾塞将社会比作有机体，不仅仅是因为它们在结构上有着相似性，还因为这种对比赋予了社会和生物一样的进化能力。

社会进化论

当时达尔文的《物种起源》尚未发表，但进化论的思想已在社会中流行，许多人相信生物是由低级进化到高级的，而斯宾塞则将这种思想应用到社会学中，认为社会也是由简单进化到复杂的。社会进化的动力是经济的增长，而表现则是结构的分化，也就是社会分工的精细化。在一个简单的社会中，人与人之间相似度高，人们自给自足。而在一个复杂的社会中，职业种类增多，人与人的差异性增大，人们需要彼此依赖才能生存。由于社会进化是一个同质转向异质的过程，因此社会不平等不是需要解决的问题而是进化的象征。斯宾塞受到生物学家拉马克和人口学家马尔萨斯的启发，认为人类社会就和大自然一样，是一个优胜劣汰、适者生存的世界。尽管斯宾塞后来吸收了达尔文的“自然选择”思想，但称他为“社会达尔文主义者”是不合适的，因为他的社会进化论思想早在达尔文公布进化论之前就已经形成了。值得注意的是，斯宾塞的社会进化论对近代中国的历史产生了深远影响。大家都知道严复先生翻译了达尔文的《物种起源》（也就是《天演论》），并提出了“物竞天择、适者生存”的思想，刺激了广大仁人志士投身挽救中华民族的伟大事业中。但实际上，这一思想并不是出自《天演论》，而是严复先生所翻译的另一本书——《群学肄言》。这本书将社会学引入中国人的视野中，而此书的原版正是斯宾塞的《社会学研究》。

军事社会和工业社会

沿着社会进化的思想，斯宾塞将社会分为两种类型：军事社会和工

① 冯波．西方古典社会学理论．北京：中国传媒大学出版社，2016：39.

业社会。前者是人们在国家的强制力量下被迫合作的社会，个人为国家利益而存在；而后者是人们在分工的基础上自愿协作的社会，国家为个人利益而存在。军事社会向工业社会的进化，不同于上述的社会结构从简单到复杂的进化，而是一种社会内部管理方式上的进化，它取决于一个社会和相邻社会的关系，若关系和平则倾向于工业社会，若关系紧张则倾向于军事社会①。

从上述分类中，还可以窥见斯宾塞的另一个思想主旨：个人主义式的放任自由主义。斯宾塞认为政府除了保卫国民安全之外，不应干涉人们的任何行动，这也是他认为强制性的军事社会落后于自愿性的工业社会的原因。在这一点上，他和信奉集体主义的孔德截然相反：孔德认为个人主义会败坏社会道德，而斯宾塞认为集体主义会妨碍社会进化。斯宾塞的理论依据是，社会有机体和生物有机体不同，它没有自己的意识，相反，它是由一个个独立的意识所构成的，因此，社会本身不会追求幸福，但组成社会的个人却会，所以社会应当为个人服务，而不是反过来。再者，他认为社会进化是一个自然现象，任何人为的干预只会拖慢进化的脚步。

今天，斯宾塞的社会进化理论即使没有完全退场，也已经位于社会学理论的边缘位置。因为这一理论完全忽视穷苦人民的权利，认为他们是应当被淘汰的劣等人类，这种优胜劣汰论带有强烈的种族主义和欧洲中心主义色彩，时至今日已经鲜有人赞同了。但是，斯宾塞的社会进化论中对于社会结构和功能的讨论，为此后的结构功能主义的产生奠定了基础。同时他的一系列社会学思想深深影响了19世纪下半叶的社会学家，可以说有一大批学者都是在他的影响下走上了社会学研究的道路。因此，斯宾塞身为社会学早期创始人之一的功绩，依然是不可磨灭的。

卡尔·马克思——批判社会学

对于许多非社会学专业的读者来说，看到卡尔·海因里希·马克思（Karl Heinrich Marx，1818—1883）这个名字可能倍感亲切又有所疑惑。

① 周晓虹．西方社会学历史与体系．上海：上海人民出版社，2002：68－70.

马克思毫无疑问是哲学家、经济学家、历史学家，不过他同时也是一位社会学家，尽管他本人从未以此自居，但在现代社会学中，他已和下文即将介绍的埃米尔·涂尔干、马克斯·韦伯一起，被公认为社会学的三大奠基人。直到现在，社会学的主要研究方向在很大程度上依然是这三位大师的思想延伸。

1818 年，马克思出生于普鲁士莱茵省的一个犹太人家庭。在青少年时期，马克思就显露出了卓越的思考能力。他与同样热爱思考的威斯特华伦男爵建立了跨越身份和年龄的友谊，后来还娶了男爵的女儿——燕妮。马克思一生颠沛流离，由于他的思想锋芒太过锐利，他不断被政府驱逐，被迫先后辗转于柏林、巴黎、布鲁塞尔、科隆和伦敦。在多年的流亡生涯中，马克思一家几乎一直生活在贫困之中，若没有弗里德里希·恩格斯的慷慨相助，世人可能就读不到马克思的许多伟大思想了。按照雷蒙·阿隆的分类，马克思的思想主要分为两个阶段：第一阶段是 1841 年到 1848 年的青年时期，以《黑格尔法哲学批判·导言》《论犹太人问题》《经济学哲学手稿》《德意志意识形态》《哲学的贫困》《共产党宣言》为代表；第二阶段从马克思 1849 年流亡伦敦开始直至他去世，这段时期的代表作是《政治经济学批判》和《资本论》①。晚年的马克思终于过上了舒适的生活，并拥有极高的社会声誉，许多名人政要都来向他请教问题。然而，由于疾病缠身，马克思晚年再无重要的著述。1881 年和 1882 年，马克思的妻子燕妮和长女小燕妮相继去世，接连的打击使这位饱经沧桑的老人痛不欲生。1883 年，马克思在自己的书房中静静地离开了这个喧嚣的世界，享年 65 岁。

马克思的思想博大精深，虽不像孔德和斯宾塞那样涵盖百科，但在剖析和理解人类社会历史的深度上远超前两位大家。本书仅仅介绍马克思思想中社会学部分的核心要义。

批判主义

批判主义是这样一种思想：社会学理论不应只是客观地解释这个世

---

① 雷蒙·阿隆，著. 葛志强等，译. 社会学主要思潮. 上海：上海译文出版社，2005：108.

界，并把现代社会中的运行规律当作理所当然的现象，而是应当对社会现实进行批判性检视，站在历史的高度考察当前社会的发展进程，并不断加强自身改造和变革现实的能力。这一点也可以用马克思的墓志铭来总结，即“哲学家总是千方百计以各种各样的方式解释世界，然而更重要的在于改造世界”。实际上，社会学的冲突论传统与马克思的批判主义有着密切的联系。下面以马克思的历史唯物论和阶级冲突论为例来解释批判主义。

历史唯物论

众所周知，马克思的哲学核心是唯物主义，其社会理论的核心就是历史唯物主义。马克思在《政治经济学批判》中总结道：物质生产活动是人类社会存在的前提，社会是一个以生产力为基石的、由经济基础和上层建筑所构成的有机体。生产力是指人类改造自然、满足自身需求的能力。在生产的过程中，人们建立了交往关系，也就是生产关系。某一阶段的生产关系的总和，就构成了这一时期的经济基础。而社会的上层建筑包括政治、法律、宗教、艺术和哲学等，就建立在这一经济基础之上。上述内容可以总结为：生产力决定生产关系、经济基础决定上层建筑。在这中间还有一个关键的概念，叫做生产资料，它是劳动资料（以生产工具为主）和劳动对象的总和。生产力就是由生产资料加上生产者（人）所构成的。纵观人类历史，生产资料往往掌握在少数人手里，马克思据此将人类历史划分为五个阶段：人类早期阶段（生产资料共有）、古代社会（社会精英占有生产资料，奴隶为主要生产者）、封建社会（王公贵族占有生产资料，农民为主要生产者）、资本主义社会（资本家占有生产资料，工人为主要生产者）、共产主义社会（生产资料共有）①。

马克思的历史唯物论不仅展示了一幅人类历史的完整图景，而且解析了其中的发展机制，即随着生产力的发展，原有的生产关系势必发生变化，从而改变社会的经济基础，最终导致上层建筑的变迁。以此为基

① 英国DK出版社，著. 郭娜，译. DK社会学百科. 北京：电子工业出版社，2016：30.

础，马克思认为资本主义的矛盾就在于，随着生产力的发展，社会财富不断增长，然而大部分人依然活在贫困之中，这一现实必将导致这大部分人反抗现有制度、改造生产关系，从而使资本主义社会向共产主义社会前进。如果要更进一步理解这其中的奥秘，就必须结合马克思社会理论的另一个核心思想：阶级冲突论。

阶级冲突论

阶级冲突论和历史唯物论其实是紧密相连的，马克思按照是否占有生产资料，将一个社会中的人分为两个阶级：统治阶级和被统治阶级。在上述的五个阶段中，封建社会的王公贵族和资本主义社会的资本家就是统治阶级，而农民和工人就是被统治阶级。马克思在《共产党宣言》中断言："到目前为止的一切社会的历史都是阶级斗争的历史。"阶级冲突是社会变迁最强有力的源泉[①]。我们以阶级冲突论再次解读资本主义的矛盾，就可以发现两个事实：第一，对生产资料的控制使资产阶级得以支配大量的私有财产，然而无止境的市场竞争加剧了周期性的经济危机，自私自利更将削弱资产阶级的内部团结；第二，处于被剥削地位的无产阶级出卖自己的劳动力，却依然无法摆脱贫困，这种非人性的、异化的劳动状态将促使他们觉醒阶级意识，并为了共同的利益而联合抗争。根据这两个事实，马克思在《共产党宣言》中再次断言："资产阶级的灭亡和无产阶级的胜利都是不可避免的[②]。"这个断言所揭示的未来，不是新一轮的阶级斗争，而是阶级的消失。因为无产阶级在消灭旧生产关系的同时，也消灭了阶级对立和阶级本身，所以新的社会将是一个人人都得以自由全面发展的联合体。

马克思的历史唯物论和阶级冲突论与他的其他思想一起引领了 19 世纪和 20 世纪的广大革命运动，包括俄国和中国的革命运动。他的批判主义社会学得到了许多追随者的拥护，如 20 世纪二三十年代的法兰克福学派，再如本书第一章重点介绍的米尔斯。实际上，米尔斯所提出

---

① 周晓虹．西方社会学历史与体系．上海：上海人民出版社，2002：108.

② 英国 DK 出版社，著．郭娜，译．DK 社会学百科．北京：电子工业出版社，2016：29.

的“社会学的想象力”正是继承了批判主义的传统，即永远不要放弃运用社会学去想象一个更好的社会、永远不要满足于对眼前社会的小修小补。当然，马克思的批判社会学本身也遭受了许多批判，如下文即将介绍的涂尔干和韦伯。马克思对社会学的巨大影响可以用一句话来概括，那就是，社会学超过一半的理论都建立在对马克思的支持或反驳之上。

埃米尔·涂尔干——实证社会学

1858 年，埃米尔·涂尔干（Émile Durkheim，1858—1917）出生于一个犹太家庭，但他在成年前就放弃了宗教信仰。他从小勤奋，经历两次落榜后，如愿考上了法国著名的巴黎高等师范学校。涂尔干和上述三位社会学家的最大区别在于，他是第一位学院式的社会学家。1887 年，他被波尔多大学聘为教员，开授社会学课程，这是社会学第一次正式进入法国的大学。1896 年，涂尔干升任社会学教授，从此成为欧洲第一位社会学教授。1898 年，他创办了《社会学年鉴》——第一本社会学刊物，同时借此聚集了一帮有才之士，成立了第一个社会学学派——年鉴学派。1902 年，涂尔干转到巴黎大学任教，四年后，他把自己所在的教育学系改为教育学和社会学系，欧洲第一个社会学系就此诞生。可以看出，社会学从一门边缘的、模糊的思想化身正式的、受认可的学科，涂尔干功不可没。令人惋惜的是，由于独子安德烈在第一次世界大战中不幸殒命，无法从沉痛中恢复过来的涂尔干失子两年后便与世长辞，年仅 59 岁。

涂尔干有四本代表作，分别是《社会分工论》《社会学方法的准则》《自杀论》和《宗教生活的基本形式》。这些构成了涂尔干的实证社会学体系，也就是本节介绍的内容。

实证社会学和马克思的批判社会学、韦伯的理解社会学并称为社会学研究方法的三大传统。它继承了孔德的实证主义哲学和斯宾塞的自然主义思想，有两个特点：其一是以经验现象为依据展开研究，其二是认为社会现象和自然现象没有本质区别，也可以用自然科学的方法来研究。这一套思想在社会学领域长期占据着主流位置。

《社会学方法的准则》

涂尔干对实证社会学的具体论述，大都包含在《社会学方法的准则》一书中。为了把社会学从哲学中分离出来，成为和心理学、经济学一样独立的学科，涂尔干做了两件事。第一，他继承了孔德和斯宾塞等人的社会观，即社会虽然是由个人组成的，但它具有和个人完全不同的性质，社会不只是个人的集合。这种思想也被称为社会唯实论，和认为社会徒有虚名、只有个人才是真实的社会唯名论针锋相对。第二，涂尔干提出了“社会事实”这一概念，指的是任何可以对个人施加外在制约作用的固定或不固定的行为方式。这种行为方式在社会中普遍存在且不依赖于任何个人而独立存在。很明显，这个概念是建立在社会唯实论之上的，假如社会没有超越于个人的性质，那么就只可能有“个人事实”，而不会有“社会事实”了。

涂尔干提出“社会事实”，是为了给社会学找到只属于自己的研究对象，他认为这是社会学成为一门独立学科的前提。“社会事实”有三种主要特性。

第一，外在性。社会事实存在于个体之外，换句话说，早在个体来到这个世界之前，社会事实便已存在了。比如，法律、道德、语言、宗教、货币等，虽然会不断变化，但都存在于个体意识之外。

第二，强制性。社会事实可以不顾个体的意愿而强制其服从。法律、道德、习俗、宗教都是强制性的体现，个体要在社会中生存，便不得不服从它们。

第三，普遍性。社会事实是人们共有的特征，普遍存在于一个社会之中，独立于具体的个人。也就是说，社会事实是真正属于集体的。

分析了社会事实的性质之后，涂尔干终于可以论述如何研究社会事实了，也就是书名所说的“社会学方法的准则”。他主要谈了三点准则。

第一，社会事实必须用社会事实来分析。一方面，这一点把社会学从抽象的哲学中分离出来，反对纯粹用推理和思辨来进行社会学研究；

另一方面，这一点也把社会学和生物学、心理学区别开来，因为个人的行为、意识、动机等因素不是社会事实，因而不能用来分析社会事实。

第二，对社会事实的分析有两种途径：因果分析和功能分析。前者探讨社会事实的起源，后者探讨社会事实的功能。涂尔干把功能分析和因果分析区别开来，从而正式开启了功能主义的理论传统。后来英国的功能主义人类学和美国的功能主义社会学，都直接受到涂尔干的影响。

第三，在研究社会事实的过程中要保持客观性。社会学要成为一门科学，研究者就必须抛弃个人的价值偏好，排除一切成见，在客观的观察、比较、分析中建立关于社会事实的知识体系。

《社会分工论》

至此，涂尔干已经架构起了一个基本的实证社会学框架，现在我们往这个框架里填一些内容，让它更加丰满。首先，让我们回到涂尔干最早的一部著作——《社会分工论》。如果说《社会学方法的准则》构成了涂尔干研究方法的基础，那么《社会分工论》就构成了涂尔干社会学理论的基础。如果说“社会事实”是前者的核心，那么“社会团结”就是后者的核心。可以说，涂尔干的其他著作都是以这两本书和这两个概念为基础而写成的。

“社会团结”是涂尔干所认为的最重要的社会事实，因为它是社会之所以为社会的基础，没有了它，社会就退化为一群个人的集合，也就不会有其他的社会事实了。“社会团结”是把个体结合在一起的社会纽带，它是一种建立在共同情感、道德、信仰或价值观基础上的个体与个体、个体与群体、群体与群体之间相互吸引的联结方式①。简单来说，它就是个体对群体的归属感，涂尔干用“集体意识”来形容这种感觉。为了便于理解，涂尔干将社会团结区分为机械团结和有机团结。

机械团结是传统社会的联结方式，它以人与人之间的相似性为基础。由于人们的生活和工作内容较为单一，人们更易产生集体归属感，拥有很强的集体意识。在这种社会中，压制性法律占主导，即法律对任

---

① 冯波．西方古典社会学理论．北京：中国传媒大学出版社，2016：178.

何违反集体意识的行为进行惩罚，例如，对偷盗者施以棍棒之刑。这种联结方式就像无机物的分子一样同类相聚，因此被称为机械团结①。

有机团结是现代社会的联结方式，它以社会分工为基础。随着工业时代的到来，人类的职业种类呈爆炸式增长，社会分工变得细化和复杂。换言之，人与人之间的异质性加强了。由于过着和其他人不同的生活，人们的自主意识随之加强，而集体意识就相对减弱了。但人们也变得更加依赖社会，因为每个人都只是分工中的一环，离开了他人便无法生存。在这种社会中，复原性法律占主导，即法律不再表现为对不团结行为的制裁，而是致力于恢复社会团结，例如，要求偷盗者进行赔偿。这种联结方式就像有机物的各种器官因彼此依赖而共存，因此被称为有机团结。

涂尔干认为，人类社会是由机械团结向有机团结发展的，工业化带来的社会分工充当着主要动力。和马克思不同，涂尔干不是把新社会视为资本主义社会加以批判，而是视其为工业社会加以赞扬。当然，涂尔干也没有无视新社会的种种问题，相反，他从社会学的角度将许多被归因于个人的问题提升到社会整体的层次。可以说，涂尔干是最早运用社会学想象力的人之一。这种运用的典范，就体现在他的《自杀论》之中。

《自杀论》

《自杀论》是涂尔干为了实践自己的实证社会学方法而写作的书，同时，从结果来看，这本书还印证了他的社会团结理论。涂尔干收集了许多国家和地区的自杀数据，以“自杀率”为研究对象，避开了对“自杀”的个人主义解释，从社会整体的角度解释了自杀率的变动。他根据数据得出结论：社会整合度较低的人群，也就是社会团结力量较小从而更少将自身与社会联结起来的人群，其发生自杀的可能性（自杀率）就较高，如未婚者比已婚者自杀率更高、无孩者比有孩者自杀率更高。与此同时，社会整合度过高时，自杀率也会上升，如士兵为了集体利益牺牲自己的生命。涂尔干将前者称为“利己主义自杀”，而将后者

① 周晓虹．西方社会学历史与体系．上海：上海人民出版社，2002：252.

称为“利他主义自杀”。此外，还有社会规范过弱的“失范型自杀”和社会规范过强的“宿命性自杀”，而社会规范和社会团结也有着密切联系。

总之，涂尔干利用实证社会学的方法，从最具个人决定论色彩的自杀现象中找到了社会性原因，可谓充分体现了社会学的优越性。同时，在自杀和社会团结的关系中，涂尔干表明了新社会存在的问题，即集体意识的减弱带来了社会整合的危机，以及分工的急剧发展导致的社会规范的真空，这也反映了涂尔干对新社会并没有盲目推崇，而是仍然保持了清醒的认识。

《宗教生活的基本形式》

涂尔干的最后一本书，即《宗教生活的基本形式》，实际上是实证社会学在非物质社会事实中的应用。涂尔干用澳大利亚的一个原始部落的图腾崇拜作为例子，分析了宗教的本质和作用。他认为宗教的本质就是把世界分为神圣世界和世俗世界，但是在对神圣世界进行详细考察后可以发现，所谓神圣的物品和仪式，实际上就是被人们赋予了主观意义的世俗事物。因此，涂尔干大胆推论，宗教是社会的产物，宗教其实就是被神话了的社会，宗教的本质是对集体力量、对社会的崇拜①。这种崇拜反过来使得宗教具有维持和延续社会团结的作用。

涂尔干写作这本书的目的，不仅在于完善它的实证社会学体系，也在于回应他从事社会学事业的初衷：为传统道德秩序式微的新社会寻找新的精神支柱。涂尔干和孔德一样关心社会秩序、注重道德的作用，但他没有步孔德的后尘，去创立一种新的宗教，而是从他对宗教本质的研究中领悟到：既然宗教只是社会力量的反映，那么传统宗教的衰落并不代表社会秩序的消失，我们只要去发掘长期以来作为秩序媒介的宗教概念的“理性替代物”即可。涂尔干所找到的替代物就是公民道德，他相信，人们若将自我意识附着于社会目标之上，便能超越渺小的自我，实现个人与社会的统一。

---

①　周晓虹．西方社会学历史与体系．上海：上海人民出版社，2002：264.

至此，已经简要介绍了涂尔干的实证社会学思想，时至今日，他的许多结论都富有争议，他的理论基础也不乏批判之音，但是，他的研究思路、他对社会学的理解依然指引和启迪着无数社会学人。涂尔干对于社会学的“定策之功”无人能出其右，尽管有些社会学教材认为涂尔干的思想已经过时，但我认为社会学界从来没有真正离开过涂尔干的影响。尤其在中国，涂尔干的许多理论都能跨越时空，很好地帮助我们理解中国当前的变化。无论如何，涂尔干都是人类历史上最伟大的学者之一，而在社会学领域，如科塞所说，也许只有德国同时代人韦伯可以与其媲美①。

马克斯·韦伯——理解社会学

马克斯·韦伯（Max Weber，1864—1920）和涂尔干一样是一位学院式的社会学家。1864 年，韦伯出生于一个优渥的家庭，他的祖父是成功的商人，父亲是有名望的法官，韦伯不仅从小衣食无忧，还在家中结实了许多知识界和政界的名人，这为他今后从事学术和政治打下了很好的基础。1882 年，韦伯考入德国著名的海德堡大学，由于崇敬自己的父亲，他选择了法学为主修专业，意图成为和父亲一样的法官。1892 年，韦伯获得了柏林大学的教师职位，正式开始了自己的学术生涯。一切都很顺利，韦伯过人的才华使政治学、经济学、社会学、哲学等多个领域的专家都为之折服，然而，1897 年，不幸发生了。那一年，韦伯的父母来到他当时任教的海德堡大学看望他，韦伯和他的父亲发生了极为激烈的争吵，韦伯无法忍受父亲对母亲的蛮横态度，他把父亲赶出了家门。一个月后，老韦伯在旅途中患中风去世。韦伯的精神被内疚所摧毁，此后，他被精神疾病足足折磨了 6 年，几乎陷入绝望，还辞去了海德堡大学的职位。1903 年，韦伯奇迹般地恢复了健康，从此步入了他学术事业的颠峰。韦伯一生笔耕不辍、著述甚丰，但大多数作品都在他去世之后才编为书籍出版，因而他生前的影响力主要还是在学院之中。

① 刘易斯·A. 科塞，著. 石人，译. 社会思想名家. 上海：上海人民出版社，2007：154.

1920年，韦伯积劳成疾、突患肺炎去世，年仅56岁。不得不感慨，三位社会学的奠基人都在花甲之年便撒手人寰，若他们能活到古稀甚至耄耋，那将是人类知识界一大幸事。

韦伯开创了“理解社会学”的传统，顾名思义，这一传统重视对人之行动的主观意义的“理解”（德语：Verstehen）。它和涂尔干的实证社会学传统截然不同，反对用自然科学的方法来研究人类社会，坚持认为人的社会行动和自然界的物质运动不能相提并论。韦伯认为，社会学旨在对社会行动作出解释性的理解，并从中获得对这一行动的原因、过程和结果的解释①。下文将详细阐述韦伯的这一思想。

社会行动

韦伯把“社会行动”作为他的研究对象，指出并非人的一切行为都是社会行动，比如，上课途中有人突然闯入教室，学生和老师都纷纷转头看向此人，这只是一种近乎本能的行为，不能算作社会行动。韦伯所说的社会行动，指的是具有主观意义的、考虑到他人的行为。与涂尔干将“社会事实”作为研究对象不同，韦伯是社会唯名论者，他认为人才是社会中真实存在的主体，因此，理解人的社会行动才能理解纷繁复杂的社会现象。

韦伯的选择自有他的道理。首先，韦伯认为社会行动是包含主观意义的，也就是说只要设身处地、换位思考，我们就能“理解”一个人为什么采取这一行动，从而明白其中的因和果。其次，社会行动是考虑到他人的，这就意味着对个人行动的“理解”实际上隐含了对人与人之间关系的“理解”，也就隐含了对社会整体的“理解”。后文的“符号互动论”正是继承了这种“以小见大”的特点。

理想类型

这个概念也是韦伯社会学的基石，它比较抽象，有两层含义：其一，理想类型存在于人的观念中而不是现实之中；其二，理想类型之所

① 刘易斯·A. 科塞，著. 石人，译. 社会思想名家. 上海：上海人民出版社，2007：195.

以是“理想的”，就是因为它代表的某种现象是典型的、纯粹的，它是对事物的某种特征的单向概括①。这有点像几何学中的圆、物理学中的质点之类的概念。如果因此认为韦伯还是没能摆脱自然科学的影响，那也不太确切，因为这种抽象法实际上是一种哲学思想。正如雷蒙·阿隆所说，韦伯的理想类型是与社会和现代科学的特点——理性化联系在一起的。种种理想类型的建立，表明各门学科都在努力寻找物质的内在合理性，并以某种半成型的物质为基础建立这种合理性，使物质为人们所理解②。

在韦伯庞大的理论体系中，几乎处处都可以见到理想类型的应用。下一章将在社会分层部分介绍韦伯的阶层划分标准，也将在社会角色部分介绍韦伯的权威类型，这些“标准”和“类型”中的“一、二、三”就是韦伯所说的理想类型。换句话说，现实生活中，人们并不完全属于“一、二、三”中的一类，而往往是其中两类或三类的混合。

社会行动的类型

结合“社会行动”和“理想类型”这两个概念，可以理解韦伯社会学的另一套核心概念——社会行动的类型。

韦伯把社会行动分为四类，即传统行动、情感行动、工具理性行动和价值理性行动。

传统行动是按习惯而成的行动，情感行动是受情绪驱使的行动。严格来说，这两类行动都不是韦伯所说的社会行动，因而也不是韦伯的研究重点。

工具理性行动是指行动者对目标和实现目标的手段、后果进行合乎理性的权衡和选择后采取的行动。它的最大特点是：为了达到自己确定的目的，不断考虑什么样的手段和条件是最合适的，然后再将其投入实践中。可以说，现代社会是一个充斥着工具理性行动的时代，人们已经习惯了基于利弊权衡做出现实主义的选择。

---

① 周晓虹．西方社会学历史与体系．上海：上海人民出版社，2002：361.

② 雷蒙·阿隆，著．葛志强等，译．社会学主要思潮．上海：上海译文出版社，2005：418.

价值理性行动是指行动者根据伦理的、美学的、宗教的信仰而采取的行动。它的最大特点在于超越功利的考量，仅仅为着实现自己的信念（道德、尊严、审美、真理、政治理想）而行动，即使牺牲世俗意义上的幸福也在所不惜。虽然这种行动颇具理想主义的色彩，但它绝不是出于一时冲动的狂热行为，而是基于理性的、有计划的、始终如一的行为。

理性化

现实生活中的人的行为自然是这四种行动的混合体，韦伯之所以对它们做出了区分，既是为了更好地理解人的社会行动，也是为了更好地解释社会的变化。和上述的所有社会学家一样，韦伯也意识到了传统社会在向现代社会变化。但是，和马克思强调资本主义、涂尔干强调工业社会不同，韦伯认为现代社会是一个理性化的社会。在传统社会中，占主导地位的往往是传统行动和情感行动，而在现代社会中，占主导地位的则是工具理性行动和价值理性行动①。

在现代社会中，我们很容易找到这两种行动的影子。价值理性行动的后果是实质合理性，如计划经济、民主化、理想价值原则、公平、自由精神等，联系着判断所依据的价值，是对行动的目的和后果的价值评价，属于主观合理性范畴。工具理性行动的后果是形式合理性，如科层制（官僚制）、市场经济、效率、对财富的追求等，主要可以归结为手段和程序的可计算性，这是一种纯粹客观的合理性②。

“祛魅”

韦伯也将理性化称为“祛魅”，意思是理性的发展祛除了世界的神秘感，万事万物都变成可以计算的对象，伴随着世界的祛魅，人们的敬畏之心也逐渐消散，无论是出于道德还是出于宗教的信念，都被迫在可计算的利益面前让步。韦伯据此认为，理性化的步伐不会停

---

① 周晓虹．西方社会学历史与体系．上海：上海人民出版社，2002：367.

② 冯波．西方古典社会学理论．北京：中国传媒大学出版社，2016：222.

止，最终工具理性将取代价值理性。科技的进步和工业的繁荣在带来更多物质利益的同时，也使人们越来越注重效率，而渐渐忽视精神价值和人性。在经济领域，追求效率促进了分工的精细化，最终使每个人都成为小齿轮，丧失了人的全面性。在政治领域，追求效率使得官僚制越来越排斥人的主观性，人们只需按照固定的流程处理一堆堆文书。在任何组织中，科层制都越来越盛行，人们服从规则，把自己变成一部没有感情的机器。

最致命的地方在于，人们即使察觉了这一趋势，也自甘迷失于这一趋势之中。工具理性取代价值理性的特点就是，手段在不知不觉中成为了目的，价值意义在手段面前也没有了存在意义。例如，人们赚钱是为了有一个舒适而健康的生活，但越来越多的人把赚钱当作目的，不仅让生活充满焦虑，还常常牺牲自己的健康。再如，一个高度工具理性的人，只要认为出轨不会被发现，就会心安理得地出轨，而毫不在意爱情的忠诚价值。

“钢茧”

韦伯把理性化的失控式发展比喻为“钢茧”，即人们在追求效率和个人幸福的过程中，不知不觉作茧自缚，把自己困在了道德沦丧、精神腐蚀的铁笼之中。在《新教伦理和资本主义精神》中，韦伯充分阐述了这一观点。他指出，新教教义赋予了赚钱价值上的合理性，人们可以为了给上帝增添荣耀而创造财富，但积累财富需要借助工具理性，在这个过程中，人们不可避免地遗忘了最初的价值追求，转而在工具理性的道路上越走越远，最终迷失在自己所创造的财富之中。韦伯以充满悲情的论调描述现代社会的未来情景：“专家没有灵魂，纵欲者没有心肝，这个废物幻想着自己达到了前所未有的文明程度。①”

由于篇幅所限，本书不能详细阐述韦伯的代表作，如《新教伦理和资本主义精神》《社会学的基本概念》《经济与社会》等。但上述

① 马克斯·韦伯，著. 于晓等，译. 新教伦理与资本主义精神. 北京：生活·读书·新知三联书店，1987：143.

内容已经给出了韦伯社会学的基本轮廓，相信这已经足够让人了解韦伯的思想基础。总地来说，韦伯是一位后无来者的社会学大师，与涂尔干、马克思从结构出发的宏观社会学不同，他选择从微观的个人出发来理解这个社会，弥补了社会学对于人之主观意义的忽视。涂尔干的实证社会学在20世纪的前60年都是主流，但韦伯的理解社会学则在此之后取而代之。因此，今天的许多社会学教材都更加推崇韦伯而不是涂尔干。

现代时期

进入20世纪之后，社会学的主要阵地从欧洲移到了美国，与此同时，经过半个多世纪的积累，古典时期的社会学家各自为营而发展出的理论，也渐渐沉淀成为几种统一的、清晰的理论视角，本节将简要叙述其中最为重要的三种：功能主义、冲突理论和符号互动论。

功能主义传承自涂尔干的社会团结和社会整合的思想，它主要关注社会秩序是如何实现的。冲突理论继承了马克思的阶级冲突思想，因而关注社会中的剥削、不平等、压迫、暴乱和革命。符号互动论源自韦伯强调的对社会行动之主观意义的理解，它认为社会现象只有透过日常生活中人与人的沟通和互动才能理解。

前两种视角属于宏观层次，关注社会制度和社会变迁；后一种视角则属于微观层次，关注社会情境中的人际互动。它们都从不同的侧面洞悉了这个社会的规律。在实际研究中，社会学家往往会将这几个视角结合，从而全方位地了解某种社会现象。

功能主义

功能主义的起源可以追溯到孔德和斯宾塞，你或许还记得他们将社会比做有机体的观点：社会中的各个部门就像生物有机体的各个器官一样，它们各司其职、互相协作，有条不紊地维系着整体的运行。涂尔干继承了社会有机体论，还把功能分析和因果分析并称为社会学的两大分析方法。

涂尔干逝世后不久，在20世纪20年代，美国社会学家塔尔科特·帕森斯（Talcott Parsons）提出了结构功能主义，把结构主义思想（社会各个部门互相协作构成一个整体）和功能主义思想（各个部门都发挥着自己的作用，为社会整体的运行做出贡献）结合了起来[①]。他将社会看作一个由各个部门相互联结而形成的巨大网络，而每个部门都参与协助并维持整个体系的工作[②]。这段话仅仅概括了帕森斯的思想出发点，实际上他的理论十分宏大，几乎在抽象层面涵盖了社会运行的一切法则。帕森斯的理论统治了美国社会学理论界长达40年，结构功能主义甚至成了社会学理论的代名词。但真正将功能主义从抽象理论发展为实用的理论视角的人，是帕森斯的学生——罗伯特·金·默顿（Robert King Merton）。

默顿将帕森斯的宏大理论与实际的经验现象相结合，提出了“中层理论”的概念。顾名思义，中层理论就是将宏大理论的抽象层次下降一个级别，使它能够应用到具体的现象分析中，同时又保留一定的概括和解释能力，不至于沦为单纯的描述性分析。默顿利用这一思想对功能主义进行了改造，区分出了显功能、潜功能、正功能和反功能等概念。

显功能和潜功能

显功能是指人们能够意识到的、明显的功能。大多数社会组织都有着容易察觉的显功能，例如，学校的显功能是传授知识、培养人才；家庭的显功能是生儿育女、繁衍后代；军队的显功能是保家卫国、维护安定。

相反，潜功能就是人们没有意识到的、不易察觉的功能。这包含了两种情况。第一种是某一事物除了显功能之外还有着潜功能。例如，学校除了能传授知识、培养人才之外，实际上还是一个帮助人们完成社会化的场所，人们在学校中接触了大量的同龄人，从而有机会结交知己甚至找到未来的伴侣。此外，大学的存在更是让18~22岁的成年人免于步入职场，减缓了社会的就业竞争压力。而家庭除了生育后代之外，更

---

① 詹姆斯·M. 汉斯林，著. 林聚仁，解玉喜等，译. 社会学导引——一条务实的路径. 上海：上海人民出版社，2014：38.

② 理查德·谢弗，著. 刘鹤群等，译. 社会学与生活. 9版. 北京：世界图书出版公司，2008：18.

是国家的基本构成单位，正是因为有了家庭，社会管理才有了实施的可能，国家才能稳定而有序。潜功能的第二种情况是，某些事物可能没有显功能，但它往往有着人们没有意识到的潜功能。默顿自己举了霍皮人部落的求雨仪式为例子。显然，霍皮人认为他们的祈雨舞能带来雨水，但我们知道这种显功能是虚假的，那么为什么霍皮人一直保留着这一传统呢？默顿解释道，那是因为求雨仪式有着增进霍皮人的社会团结意识的作用（潜功能）。

默顿认为，比起显功能，社会学更应当注重社会制度和社会活动中的潜功能，揭示各种潜功能应当成为社会学对人类的一大贡献。

正功能和反功能

默顿为了功能主义能够更加实用，放弃了社会有机体的类比，他把功能一词的意义限定在“有益于社会适应和调适的结果”。换句话说，他并不认为社会中的各个部门像生物器官那样必定承担着有益于整体的功能，“存在不一定等于合理”。为此，他提出了“反功能”的概念，用来指称那些“损害社会适应和调适”的社会活动的结果。

反功能的例子有很多，例如，犯罪活动都有着危害社会稳定、破坏社会团结的反功能，监狱中的帮派现象增添了管理上的困难。你可能要问，具有反功能的事物为什么没有被社会淘汰呢？这个问题要分三个方面来说。首先，许多事物既有正功能也有反功能，因而无法直接取缔，比如，犯罪有着阐明社会规范、促进大多数人团结的正功能。其次，有些反功能的事物为其他事物实现正功能提供了基础，比如，监狱如果是和谐融洽的，那么许多狱警就将失业了。最后，还有一个关键的原因就是，事物往往产生超出预期的结果，也就是说，许多反功能是和潜功能结合在一起的。一个很好的例子就是廉租房政策。政府为了保障低收入群体的基本生活，斥巨资提供了一批质优价廉的出租房屋。但正如许多经济学家所预测的那样，廉租房政策不但没有改善穷人的生活水平，相反还恶化了许多社会问题。这是因为廉租房政策违背了经济学的原理，在房屋资源紧张的现实情况下，与普通住房无差异的廉租房势必被当作稀缺资源，从而引起有权有势者的争夺。即使不断加上政策限制，富人绕过限制的能力永远比穷人运用规则的能力更强，最后反而是穷人被拒之门外。这一结果是决策者始料未及的，且对社会系统也是有害的，这就是所谓的“潜反功能”。

评价

功能主义视角对于描述社会、识别社会结构及其在特定时期的功能是十分有用的。它提供了整个社会生活的“大图景”，特别是阐释了社会生活中的模式化行为以及社会制度。它有助于清晰地呈现社会的组成部分是如何整合起来的。

然而，这一视角并没有提供社会规律的全貌。功能主义视角中的社会很大程度上是静止的，它很难解释社会的发展和变革，但人类社会实际上是处于不断的变动中的。功能主义倾向于夸大稳定和秩序的重要性，而忽略社会不平等的不合理性。许多反对功能主义的人都认为，它的目的在于维护当前的社会制度，而从来不去思考如何真正让这个社会变得更好。

冲突理论

冲突理论和功能主义最大的不同在于，它主张社会并不是建立在各个群体和谐共处的基础上，而是建立在不同群体之间相互竞争、倾轧、控制和冲突的基础上。冲突理论继承了马克思的理论传统，并在此基础上又进行了扩展。马克思认为冲突主要发生在不同阶级之间，而冲突理论者认为冲突发生在一切不同利益群体之内，比如，男人与女人、年轻人与老年人、基督教徒与伊斯兰教徒等。冲突的原因在于，社会上的稀缺资源，如财富、权力、名望等都是有限的，一个群体的得益就意味着另一个群体的损失，得到资源的一方为了守护自己的利益、失去资源的一方为了争取自己的利益，两者互不相让，从而推动着社会的变化与发展。冲突理论弥补了功能主义相对静止的世界观的缺陷，为社会的“变动不居”性质带来了理论上的解释。

但是，冲突理论下的社会并不是混乱无序的，它也有着秩序，只是这一秩序不是建立在功能主义所说的“共识”之上，而是建立在强大的一方对弱小一方的统治之上。功能主义者认为国家是各个群体通过“共享价值观”而构建起来的共同体，而冲突论者认为国家是统治阶级用来压迫被统治阶级的政治工具。冲突论者最大的目标，就是要揭示这种社会不平等的现状和成因。哪一个群体更加强大？现有的社会系统如何服务于强大的一方？或者说，弱小的一方是怎样受到现有社会系统的损害的？①

冲突理论的内部差异很大，与其说它是一种清晰的理论范式，不如说它是一系列强调冲突视角的理论集合。它主要包含四种理论：女权主义理论、拉尔夫·达伦多夫（Ralf G. Dahrendorf）的辩证冲突论、刘易斯·科塞（Lewis Coser）的冲突功能论、兰道尔·柯林斯（Randall Collins）的互动仪式论。

女权主义理论

女权主义是冲突理论的典型代表。这一派的学者认为，人类社会长久以来都是一个男权（父权）社会，社会在制度设计的层面服务于男性的利益。男性对女性的压迫体现在方方面面，不仅包括公然的暴力，比如，强奸、家庭暴力，还包括无偿家务劳动、办公室性骚扰、各种规则上的歧视等微妙的方式。在女权主义者眼里，卖淫就是典型的男权产物。正是因为女性在社会中处于附属地位，女性被看作取悦男性的工具，卖淫才变得可能，它反映并强化了男性对女性的权力。然而，女权主义者并不等于“厌男主义”的“姐妹会”，相反，女权主义者始终致力于剖析和改变性别不平等对男女两性造成的伤害。继续以性领域为例，在男权社会中，“性”是男性们争夺的资源。在争夺过程中，女性是被争夺者，她们要想尽办法让自己有被争夺的价值，而男性是争夺者，他们要想尽办法打败其他男性。因此，在男权社会中，处于最上层的是“强大”的男性，他们由于各种合理和不合理的原因，拥有了对“性”的支配权；处于中间的是“有价值”的女性，她们按照男性的标

① 亚历克斯·蒂奥，著. 丛霞，译. 大众社会学. 7版. 北京：人民邮电出版社，2012：15.

准把自己变成“玩物”，通过依附“强大”的男性获得自身所需的资源；而处于底层的，则是“没有价值”的女性和“弱小”的男性，他（她）们的存在意义就是供上层男性剥削。实际上，在这个社会结构中，只有上层的男性是获利者，其他所有人都是受害者。而女权主义绝不是训练女性如何从“没有价值”变为“有价值”，而是号召其他所有人改变这个不平等的社会结构。

辩证冲突论

达伦多夫把“秩序和冲突”作为他的理论核心。他不像功能主义者那样强调和谐，也不单纯强调社会中的冲突，而是认为这两者是辩证统一的，都是社会的组成部分。他认为，社会的本质就是权力分配的不均和角色的强制性安排，并把“权威—服从”视为社会的基石。社会之所以没有崩塌，就是因为统治地位的占有者拥有权威，也就是具有发布命令的合法权力的地位，而服从者是丧失地位、必须服从统治者命令的群体。这就是达伦多夫眼中的社会——一个强制协作的联合体。

冲突功能论

科塞是帕森斯的学生，因而继承了一些功能主义的观点，他着重强调冲突所具有的社会功能。他认为冲突具有缓解社会矛盾的“安全阀”作用，从而促进社会内部的团结。他的观点和达伦多夫互相补充，上述的强制协作联合体之所以能维持，就是因为冲突没有大到撕裂这个社会的程度，相反，小范围的冲突缓解了压制带来的不满、怨恨、焦虑等情绪。这就好像高压锅上的排气阀，通过适当的宣泄，让高压锅（社会）能维持运转而免于爆炸。反过来说，一个社会如果只把冲突视为洪水猛兽，一味地掩盖冲突、高歌和谐，那么这就是一个“僵化”的社会。科塞认为这样的社会是极其危险的，如果小范围的冲突没有自由发展的空间，那么大范围的冲突将在某个时刻以不可阻挡之势颠覆整个社会，届时所有人都将陷入灾难。

互动仪式论

柯林斯则融合了韦伯的思想，他从微观入手，认为社会结构是由一系列的互动仪式链条所组成的，而在现实生活的互动中，人们总是竭力去左右和支配他人以便获得优势。柯林斯认为，在暴力强制后面始终隐藏着一种潜在的力量，暴力强制总是以一方得益、另一方受损为结局。这虽然并不意味着存在着一种固有的欲望去驱使人们取得支配地位，但被强制在本质上是一种不愉快的体验，因此，人们总是试图避免成为他人强制力量的对象，冲突便由此产生了。在柯林斯眼里，这就是社会冲突无法避免的原因。

评价

冲突理论实际上和功能主义一样，都是对美国社会现实的反映。第二次世界大战之后，美国进入黄金繁荣期，社会呈现蒸蒸日上的祥和之态，因而强调和谐稳定的功能主义占据了主流地位，这是毫不奇怪的。而从 20 世纪 60 年代开始，美国社会陷入动乱，经济、政治、文化都受到各种社会运动的冲击。在这种局势下，人们自然需要冲突理论来解释眼前的乱象。因此，冲突理论和功能主义都是社会运行规律的两个侧面，一方的优点即是另一方的缺点，而一方的局限则被另一方所补充，它们相辅相成，共同构成了社会生活的本质。

符号互动论

和上述两种宏观的理论视角不同，符号互动论属于一种微观分析的视角，它从人们日常生活中的交往和互动入手，去解释人们的社会行为模式。符号互动论发源于韦伯的理解社会学，强调人们的社会行动包含了主观意义和对他人的考虑。但与上述两种视角直接继承古典时期的思想不同，符号互动论主要还是由一众美国社会学家独立发展出来的，主要包括乔治·赫伯特·米德（George Herbert Mead）、查尔斯·霍顿·库利（Charles Horton Cooley）、威廉·艾萨克·托马斯（William Isaac

Thomas）、欧文·戈夫曼（Erving Goffman）等。

符号

符号是指承载了意义的各种事物。它包含了微笑、握手、国旗、敬礼、语言、节日等形形色色的事物。也就是说，只要是由人类赋予主观意义的事物，都可以称为符号。比如，一块路边的石头，假如我们把它当做路标，它就具有了符号性的意义。再比如，国界，它在自然中是不存在的，但由于人类的定义，这个地球被划分成了条条块块。符号互动论就是从这些符号入手，研究我们是如何在与他人的互动中理解和使用符号的。

三个核心假设

从“符号”的定义可以看出，这一理论视角继承了韦伯所代表的社会唯名论，即社会是人为建构出来的。符号互动论基于三个核心假设①。

第一，我们在所处环境中对事物做出反应是基于它的意义（我们对它的理解）。因此，如果一个陌生人突然晕倒在路边，有人会觉得有诈而远远观望，有人会觉得麻烦而匆匆离去，有人会心怀善意上前救助。

第二，意义并非事物本身所固有的，而是在社会互动中产生的。最典型的例子就是花语和星座，它们在自然界中都是不存在的，是人类为其编织了故事和意义。

第三，我们在持续不断地互动，因而事物的意义也在持续不断地产生和变化。一个很好的例子便是时尚，穿衣打扮的品位在现代社会的变化越来越快，两年前还属于时髦的打扮，到了今年可能就是“老土”了。

通过这三个假设，我们可以瞥见符号互动论的真意，即客观的现实世界几乎是不存在的，我们是通过“符号”这个有色眼镜来看这个世

---

① 安东尼·吉登斯，菲利普·萨顿，著．赵旭东等，译．社会学．7版．北京：北京大学出版社，2015：20.

界的。这是因为，人们的行动都是在一个个具体的情境中发生的，即使涂尔干意义上的社会事实真的存在，我们也无法直接察觉。在下一章的社会建构部分，将详细阐述“现实的社会建构”。

米德：心灵、自我与社会

米德是符号互动论的开创者，他的思想奠定了这一理论的核心观点，而他的主要思想都包含在他的《心灵、自我与社会》一书中。因此，理解了这本书，也就理解了符号互动论的基本要旨。

米德用“姿态”来称呼不带“符号”的社会行动，他认为姿态是一种刺激，刺激在进行同一行动的其他形式作出反应。我们可以从“姿态”来理解米德所说的“心灵”，“心灵”包含了生理冲动（主体）和反身性的理智（客体）之间的互动。米德以狗打架作为例子，两只狗相互咆哮、龇着牙，去咬对方的脖子，它们是在一种非符号化的基础上进行互动的，也就是一种“姿态互动”。在这种情形下，它们谁也不会停下来去探究其他狗攻击行为的动机。一只狗对另一只狗的龇牙回之以咆哮，并不是基于它对于后者这一姿态意味的理解，因为它自己并没有意识到那个姿态具有敌对意味，它的咆哮和之后的打斗都只是情境中的本能性适应行为，而没有任何意义解释的中介过程①。而人与狗不同的地方在于，人不仅根据姿态来作出反应，还根据“符号”来作出反应，即对姿态进行意义上的理解，这个过程依靠的是反身性的理智。因此，“心灵”就是人与动物的本质区别，人不仅拥有生理冲动，还拥有理智，心灵就是生理冲动和理智互动的结果。

和“心灵”的定义类似，米德认为，“自我”也是由一个主体和一个客体的互动而产生的，这个主体叫做“主我”，而这个客体叫做“客我”。“主我”是个体对他人态度的反应，“客我”是个体自己采取的有组织的他人态度，也就是个体把自己放在一组他人（共同体）中来看待自己的结果。换句话说，“主我”就是只考虑了自己和当下的“自

---

① 兰德尔·柯林斯，迈克尔·马科夫斯基，著. 李霞，译. 发现社会之旅. 北京：中华书局，2006：278.

我”，而“客我”则是考虑了他人和过去的“自我”，因而在米德眼里，拥有“与他人互动的记忆”是拥有完整“自我”的前提。关于“主我”和“客我”的意义，将在下一章的“社会化”部分详细阐释。

最后，“社会”是“自我”和“他人”互动的结果。和“心灵”“自我”的主客体不同的是，这里的“他人”，严格来说不能算作“客体”，而是另一种“主体”。因此，社会是“主体”与“主体”互动的产物。只有充分理解了“他人”也拥有“心灵”和“自我”，才能和“他人”进行符号性的互动。否则，符号就不能成为互动的媒介。理解“他人”和“自我”，是儿童社会化的关键过程，人们藉此跳脱以自我为中心的世界观，进入由互动所组成的社会。

可以看到，米德的“心灵”“自我”和“社会”都是建立在互动之上的，而互动又是以符号为基础的。符号互动论就是这样从微观的个体以及个体与个体的互动出发，阐释社会中的秩序和冲突是如何产生的。米德的思想有开宗立派之功，他的学生布鲁默正是基于他的思想，提出了“符号互动论”这个概念。此外，米德的思想还直接影响了现象学的发展。

评价

符号互动论的优点在于，指出了人们并非只会按照预定的社会规则和制度安排进行被动反应，更会积极能动地建构行为，甚至反过来重新定义社会规则和制度①。这一视角把社会学家的目光从“森林”带回到一小撮“树木”之中。因此，它也有局限，在根本上否认“森林”的客观存在性，只认可“树木”和“树木”之间的联系和互动，认为整个森林的生态系统只是一种主观建构。尽管许多互动论者都强调外在的符号系统引导了人们的互动，但符号互动论还是倾向于忽视宏观结构因素在人们生活中的作用，这样做的危险就是丧失“社会学的想象力”，令符号互动论彻底从“社会学”滑向“心理学”。

---

① 安东尼·吉登斯，菲利普·萨顿，著. 赵旭东等，译. 社会学. 7 版. 北京：北京大学出版社，2015：21.

为便于理解记忆，将功能文化、冲突理论和符号互动论三种理论特点概括如表 2－1 所示。

表 2－1　三种主要社会学理论特点

名　　称	功能主义	冲突理论	符号互动论
分析层次	宏观	宏观	微观
研究焦点	秩序和稳点	冲突和变化	个体之间的互动
关键概念	功能	不平等	符号
优　　势	解释社会结构和社会稳定	解释社会冲突和社会变革	解释个体的能动性和生活中的互动
局　　限	难以解释社会冲突	难以解释社会共识	难以解释社会结构
举　　例	随着社会变迁侵蚀家庭的传统功能，家庭纽带弱化，离婚率上升	当男人控制经济时，女人由于几乎没有其他选择而只能维系不良的婚姻，离婚率低。而男女工作机会越来越均等时，离婚率也就上升了	工业化和城市化改变了婚姻角色并导致对爱情、婚姻、孩子、离婚的重新定义

后现代时期

20 世纪 70 年代左右，西方社会发生了深刻的变化，学者们对此给出了不同的预言：后工业社会、晚期资本主义社会、后现代社会、信息社会……一个新的时代正在伴随着经济发展、技术革命、社会变迁而到来，以人与社会为研究对象的社会学自然也要与时代同呼吸共命运。因此，一批全新的理论视角开始涌现，它们或颠覆了大众看待世界的方式，或颠覆了大众看待知识的方式，或颠覆了大众看待社会学自身的方式。由于这一批思想如此独树一帜，难以像现代时期的理论那样，将它们分类为各个视角，因此，只好将它们统称为“后现代社会学理论”，意即现代时期之后的社会学理论。

这些理论不仅拔新领异，而且大多艰涩深奥，即使是社会学领域的专家，也少有人敢自称完全领会了这些大师的思想。本书作为一本社会学入门读物，仅在此介绍几位“后现代社会学理论”代表人物的核心思想，不对其作更深入的剖析，读者若是有兴趣，可查看更加专业的著作。

米歇尔·福柯

米歇尔·福柯（Michel Foucault，1926—1984）是法国当代最著名的哲学家、历史学家、社会学家之一，他的杰出贡献横跨了整个人文社科领域，在人类思想史上留下了不朽的印迹。福柯向欧洲的文化传统、理性观念和历史意识发起了激烈挑战，围绕着知识、权力、话语、理性等问题，阐发了许多别具一格的思想。

疯癫与文明

福柯在其代表作《疯癫与文明》中考察了欧洲不同时期精神病患者的遭遇，得出“疯癫不是一种自然现象，而是一种文明产物”的结论。在17世纪以前，精神病人被视为上帝的弃民，他们或被隔离在麻风病院，或被送上“愚人船”自生自灭。无论如何，他们都是神圣话语的一种体现。17世纪之后，科学取代宗教成为社会观念的主流。在崇尚理性的社会背景下，失去理性的精神病患者不再被视为可怜的上帝弃民，而只是无须怜悯的“非人”，他们被套上铁链关在禁闭室中。而到了20世纪，新型的精神病院创立，禁闭室向医疗场所转变，精神病患者身上的铁链被砍断了，但他们的心灵被套上了新的铁链，理性对疯癫的控制和排斥达到了顶峰。

福柯认为，疯癫是特定历史条件和意识形态的产物，是理性主义取得独裁地位的结果。真正疯癫的是理性，它凭借着科学与工业的成就，变得越来越蛮横、越来越残酷，它对人性的压抑已经由外部环境和活动空间深入到人的心理底层，真正应该得到限制的不是疯癫，而是理性本身。

权力谱系学

福柯的另一本代表作是《规训与惩罚》，该书阐述了他对于权力概念的创新性理解。

传统的权力理论可分为两类：一种是利益—冲突模式，关注社会行动者之间的利益冲突，权力关系的体现为支配—屈从；另一种是权威—合法化模式，社会通过一系列的话语将权力合法化为权威，权力关系体现为权威—服从。

而福柯认为，权力不是单一和同质的，而是多形态的，它渗透在社会各个不同的局部领域中，运用灵活多样的“策略”来维持自身。权力也不仅仅压制性地控制关系，而是具有生产性的实践关系。权力可以创造出社会成员之间的崭新联系，使不同的社会局部之间相互作用。

因此，福柯提出，对权力的分析不应只将注意力放在宏大的权力结构上，而应充分考察权力的微观运作。权力在社会局部和微观世界不断流动，它遍布整个社会肌体。现代社会的权力运作体现在各种细枝末节的管理上，福柯将其形象地称为“毛细血管式的权力”。

福柯的思想还包括知识考古学、话语分析、语言社会学等，限于篇幅不再介绍。总之，福柯不仅改变了社会理论对权力的基本态度，促使社会学家更深入地思考权力、知识与话语的关系，而且促进了社会学分析突破自然科学、社会科学的知识限制，与文学、哲学、历史学等人文学科进行创造性对话，从而使社会学更有弹性和活力。

尤尔根·哈贝马斯

尤尔根·哈贝马斯（Jürgen Habermas，1929—）是德国当代最重要的哲学家和社会学家之一，是继承了马克思思想的法兰克福学派的第二代传人。他批判科学技术对人的异化，批判理性主义带来的危机，同时也对民主的政治和法律进程表示忧虑。他和福柯等后现代理论家一样，也将微观世界、语言学、解释学作为社会分析的新知识基础。哈贝马斯的交往行为理论、普遍语用学、兴趣认识论、生活世界与系统、法律社会学等都是十分重要的理论，且它们之间相互联系、相互包含。

交往行为理论

哈贝马斯将人的社会行动分为四种类型。

第一种是工具性行动。这是一种在比较、权衡各种手段以后，行动者采取一种最理想的方式达到目的的行动。

第二种是规范调节的行动。这种行为是指行动者受群体共同价值约束的行动。

上述两种社会行动和韦伯的工具理性行动、价值理性行动是类似的，但哈贝马斯认为，这种定义过于狭窄，应当对理性的概念进行扩展。因此，哈贝马斯又提出了另外两种行动类型。

第三种是戏剧式行动。它指行动者在一个观众或社会面前有意识地表现自己主观性的行动。这种行动重在自我表现，通过自我表现达到吸引观众的目的。

第四种是沟通行动。它是行动者个人之间的以语言为媒介的互动。行动者使用语言或非语言符号作为理解其相互状态和各自行动计划的工具，以期在行动上达成一致。相互理解是沟通行动的核心，而语言具有极其重要的地位。

不同的行动对应不同层次的世界：工具性行动对应客观世界，规范行动对应社会世界，戏剧行动对应主观世界，而沟通行动对应这三个世界的集合，哈贝马斯称之为“生活世界”。由此可见，在哈贝马斯眼里，沟通行动是最具合理性的，因为它串联了不同层次的世界，是最贴近我们日常生活的“行动理性”。

哈贝马斯认为，沟通行动理性具有语言性（语言为媒介）、主体间性（主体与主体的关系）、程序性（商谈的程序理性）。沟通行动通过交谈、论证说服等过程达成某种共识，这种共识是社会整合的基础，但是这种共识是暂时的、可误的、开放的，它本身会在进一步的讨论和批判中被新的共识所代替。社会正是在沟通行动中产生、维持和变革的。哈贝马斯认为，用沟通行动理性代替工具行动理性，就能打破韦伯所说的“钢茧”，为人类社会带来希望的曙光。

“系统对于生活世界的殖民”

这是哈贝马斯最为著名的批判性命题。生活世界和系统这两个概念都是高度抽象的，我们可以简单将生活世界理解为私人的日常生活领域和公共的社会参与空间，而将系统理解为通过金钱制约人的市场和通过行政权力影响人的国家机关。

系统对于生活世界的殖民是指原本属于私人领域和公共空间的非市场和非商品化的活动，被市场机制和科层化的权力侵蚀了，即系统对于生活世界的侵蚀和控制。在这个过程中，系统用金钱和权力来整合社会，排斥了沟通行动对社会的整合能力，在很大程度上将理性局限在工具理性中，从而破坏了生活世界的完整性。这个命题反映了现代社会的病症。

为了治愈这一病症，哈贝马斯重视法律和道德的作用，他认为这两者能化解系统和生活世界的对立。法律和道德作为两种塑造社会秩序的力量，能在截然不同的两种方式上表达如何构建合法的秩序、如何用主体认可的规范来解决冲突的思路。借助这两种手段，能使市场和权力服从于人们的需求，而不是反过来支配人们的需求。

哈贝马斯更重视法律的力量，因为道德只能作用于私人领域，而法律履行的是社会全体的整合功能。法律兼具媒介和制度的双重功能，它能与政治体系和治国方略中的法治一起发挥安全网和其他规范无法替代的作用。

哈贝马斯是语言学和解释学的大师，他的理论大多带有强烈的哲学色彩，但这丝毫没有影响他在社会学中的地位。哈贝马斯在后现代主义哲学基础上建立的交往行为理论，是对人际关系成为后现代社会基本矛盾和中心任务的社会学理论概括①。

齐格蒙特·鲍曼

齐格蒙特·鲍曼（Zygmunt Bauman，1925—2017）是出生于波兰的犹太人，经历了第二次世界大战和针对犹太人的大屠杀。在被反犹主义者驱逐出祖国后，直至 2017 年年初去世，鲍曼一直生活在英国。这位研究后现代的大师一生著述甚丰，从现代性、自由、消费主义、阶级矛盾到个体化、亲密关系、劳工、跨国公司等，鲍曼都展现出非凡而敏锐的社会学洞察力，再加上他悠扬的文笔和令人动容的人文关怀精神，不愧为“用英语写作的当代最伟大的社会学家”。

“液化”与“流动性”

“液化”与“流动性”是鲍曼用来与“固化”和“稳固性”相对的概念。在《流动的现代性》一书中，“固化物”的意义是指僵死的、停滞的传统性和阻碍社会前进的障碍物，而液化就是对固化物的消解过

① 刘少杰．后现代西方社会学理论．北京：北京大学出版社，2014：45.

程，也就是变革和瓦解传统的过程。现代性本身就是一个不断瓦解过去的障碍物的过程，而“流动的现代性”要瓦解的是传统本身。在鲍曼的理论中，液化是一种模式转换的力量。这种转换即是从稳固的现代性转向流动的现代性，从形态的维持转向形态的反复塑造，从对空间的占据转向对时间的自由支配。换言之，液化的力量要求我们重新思考那些在对人类状况进行宏大叙事时起构架作用的旧概念，“像还魂尸一样，这些概念虽死犹存”。在此书中，鲍曼从解放、个体性、时间与空间、劳动、共同体五个方面出发，阐述了对旧概念的重新思考，如权力的运作方式从权威转向榜样、资本和劳动的关系从结合走向分离、主导的生活方式从定居变为游牧等。

可见，液化的力量使得个体获得了前所未有的自由（或者说在前往这种自由的道路上），但是代价却是同样前所未有的无保障性，因为确定性赖以建立的传统已被瓦解，而在缺乏保障感的日常生活中，人们对于价值的理解也发生了微妙的变化。

不确定性与瞬间满足

鲍曼在《个体化社会》中引用了布迪厄的《当今普遍存在的不稳定性》。他解释道，当代生活中广泛存在的令人备受折磨的特征就是不稳定性和脆弱性。理论家们试图把握的现象是综合性的体验，它综合了地位、权利和生计的没有保障，以及这些因素的连续性和未来的稳定所具有的不确定性，而且人的肉体、自我和两者的衍生品，像财产、邻里关系、团体等也缺乏安全性。在不确定性的背景下，“瞬间的满足”不无诱惑地显得像是一种理性的策略。无论会从生活中获得什么，那就让它立刻提供。延迟的满足已经失去了诱惑力：无法确定今天的投入会持续转化为价值，直到获得回报，也无法确定今天有吸引力的价值在长久等待后还会令人满意。一切渴望得到的东西在尚未来得及充分享受之前就成了明日黄花，今天别致的生活方式明天就成了嘲弄的对象。针对这种情况，最佳的策略就是放弃忠诚，抛开长期性带来的束缚，渴望的东西就立刻享受，然后弃之如履，“瞬间满足”成为一种信条。而市场对此反应迅速，可以看到越来越多的产品成为“一次性的”“可替换的”

“临时的”，人们不再追求产品的耐用性，而是拥戴它更新换代的速度。更进一步地说，消费主义文化不仅仅改变了产品的生产方式，还改变了产品的类型，从前无法购买的满足或者无法通过一次性交易得到的满足，如今都转化成了商品，本文的“虚拟恋人服务”就是这一类产品，而这在“瞬间满足”的意识形态下是符合理性的。

不确定性和瞬间满足策略使人们习得了“所有事物都是可替换的”这一观念，鲍曼认为这一观念将导致“习得性的爱无能”，因为“爱”是建立在“不可替代的联结”的基础上的。鲍曼在《个体化社会》中用以分析劳动者和雇主关系的论点，在《液态之爱》（*Liquid Love*，该书的副标题是“论人际纽带的脆弱”）中也被他用来分析普遍的人际关系。鲍曼认为，不确定性和为了适应它而发展起来的瞬间满足策略，这两者之间相互支持、相互援助、相互支撑、相互强化，其共同导致的结果就是人类联系、团体和合作关系的日趋淡化、萎缩、分崩离析和最终瓦解。“至死不渝”的约束变为“满足感消退就分手”的合同，换言之，联结和合作关系被看作供人们消费的东西，而不是要生产的东西；对它们的评价标准与评价其他所有消费品的标准完全一样。随之而来的结果是，合作关系假定的暂时性往往转变成自我实现的预言，即对暂定性的期待消解了维持关系的努力。这种合作关系当然也包括本文所讨论的“亲密关系”。因此，“亲密关系”也毫无疑问地被卷入不确定性、脆弱性和瞬间满足的策略之中，而伴随着网络社会和移动社交的崛起，液化的力量被进一步加强了。

马克思认为，现代社会的特征是“资本主义对工人的剥削”，涂尔干认为是“工业化带来的社会分工”，韦伯则说“世界的祛魅和理性化”。而鲍曼则认为，“流动性”与“稳固性”才是现代社会与传统社会最大的区分。“流动性”体现在方方面面，从工作、消费到生活、爱情，它从物质和精神两个层面改造着人、社会以及人与社会的关系。鲍曼的思想极富洞见，而且在互联网盛行的当下，鲍曼的预言越来越成为看得见的事实。鲍曼虽已去世，但我们仍需思考：在一切坚固的东西都烟消云散之后，我们又将走向何方？

曼纽尔·卡斯特尔

曼纽尔·卡斯特尔（Manuel Castells，1942—）出生于西班牙，后在巴黎求学，现迁居美国。卡斯特尔是研究网络社会的旗手，他的代表作“信息时代三部曲”《信息时代：经济、社会和文化》（《网络社会的崛起》《认同的力量》《千年终结》）轰动了世界，被誉为“有史以来最深刻的互联网研究”。他深入分析了信息时代的社会生活网络化，以及靠社会认同凝聚起来的各种文化共同体和社会运动；他注重不同地区、不同民族的文化传统、价值信念和观念共识对互联网使用的深层影响；他强调从广大基层社会成员的主观意愿、信息沟通、语言交流、抗拒性认同和对自由、民主、平等的追求等方面去理解信息化时代、网络社会的社会矛盾和社会冲突①。

在卡斯特尔笔下，网络社会是和采猎社会、农业社会、工业社会相提并论的新的社会形态，这种社会形态由网络构成（无须特意强调，互联网是网络社会的其中一种表现形式）。卡斯特尔认为任何社会重大的结构性转型，都牵涉空间的改变、时间及其关系的改变。

网络社会的“流动空间”

为了区分网络社会和以前社会形态的空间类型，卡斯特尔提出了“流动空间”和“地域空间”的概念。地域空间即原来意义上与地点和场所相联系的空间，而网络使地域的概念从文化、历史和地理的意义中解脱出来，被重组进类似形象拼贴的功能网络里，故而产生一种“流动空间”，过去、现在和将来可以被设定在同一信息里面且彼此互动时，时间的概念便也随之消失在这个新的空间之中。流动空间是经由信息流动形成的共享时间的社会实践的物质组织，是一种特殊的空间形式。在网络社会，电子信息技术没有取消空间，但改变了空间，其途径是同时把物理空间分割开来，又使之交互联系。因此，电子信息技术并不是仅

① 刘少杰．后现代西方社会学理论．北京：北京大学出版社，2014：46.

仅打散了人们的活动，或把人们的活动凝聚到一起，而是同时具有二者的能力，即“流动的空间”。这一概念不是指某一个特别的地点，而是指利用电子技术把不同空间组织到一种形式之内的能力，它同时包括“集中化”和“去集中化”的过程。不过，地域空间仍然没有消失，人们的经验以及相互交往，仍然是在他们生活的地方、在他们的具体行为中展开，具体的经验仍然与具体的场所相联系①。

卡斯特尔以美国、欧洲和中国珠江三角洲一些信息化城市为例，论述了流动空间背景下的新型城市的特点。他认为，我们的社会是环绕着流动而建构起来的：资本流动，信息流动，技术流动，组织性互动的流动，影像、声音和象征的流动。流动不仅是社会组织里的一个要素而已：流动是支配了我们的经济、政治与象征生活之过程的表现②。可见，卡斯特尔所说的流动空间，不仅有经济、技术和政治等现实生活的流动，而且还有影像、声音或象征等表达意义和思想观念的流动，其实质都是信息流动，它已经成为网络化时代社会发展变迁的支配力量③。

网络社会的“无时间之时间”

卡斯特尔认为，在网络社会，是空间组织了时间。流动空间借由混乱事件的相继次序使事件同时并存，从而消解了时间，打破了以往工业时代的线性时间，创造了未分化的时间，也将社会设定为永恒的瞬间。在这种认识基础上，卡斯特尔提出了“无时间的时间”概念④。“无时间的时间”与传统社会中的线性的、不可逆转的、可以量度与预测的时间相对应，它指的是，社会中的“每件事物”都在“加速”，无情地压缩一切人类活动领域中的时间，当压缩时间达到极限时，时间序列以及时间本身就将消失。

---

① 何睿. 网络社会下的空间与时间新类型——曼纽尔·卡斯特空间时间观点述评. 新闻世界，No. 12 (2014)：97－99.

② 曼纽尔·卡斯特，著. 夏铸九，王志弘等，译. 网络社会的崛起. 北京：社会科学文献出版社，2006：383.

③ 刘少杰. 后现代西方社会学理论. 北京：北京大学出版社，2014：329.

④ 何睿. 网络社会下的空间与时间新类型——曼纽尔·卡斯特空间时间观点述评. 新闻世界，No. 12 (2014)：97－99.

“无时间的时间”的提出为网络社会的诸多现象提供了新的解释和阐述的视角。卡斯特尔认为，网络社会正在浮现的社会时间的支配形式即无时间性的时间，取得了对传统的机械时间和生物时间的优势。工作时间的弹性化，网络企业的兴起，使得工作时间受到冲击和扭曲，生活周期因此发生节律紊乱，时间的前后关系已与过去的概念大为不同①。

卡斯特尔认为当前基于信息技术的全球金融市场就是时间压缩的典型例子。在新技术的支持下，全球金融市场变为一个高速度、高风险的“全球赌场”。巨额的金融资本在没有国界限制的全球金融市场中闪电般地运行，甚至在几分钟、几秒钟之内就可以穿梭在不同经济体中实现交易。这种在网络化时代之前难以想象的交易速度，疯狂地缩短时间以博取巨额收益，但同时也会在顷刻之间带来毁灭性的损失②。

在这个时空结构已然变革的时代，卡斯特尔不无忧虑又充满希冀地说道：“假如遍及全世界的人们信息灵通、主动、能沟通；假如企业能承担其社会责任；假如媒体变成使者而非信息；假如政治行动者对抗犬儒主义，以民主方式恢复信念；假如文化由经验来重建；假如人类遍及全球感觉到物种的团结；假如我们由于与自然的和谐相处确立世代间的团结；假如在我们之间已取得了和平，并启程开拓我们的内在自我；假如所有这些都因我们的信息灵通、有意识、分享决策而变得可能，而时间之河仍在流淌，或许我们最终生活下去，爱同时被爱③。”

一个明显的事实是，后现代时期的社会学理论“要地”重新回到了欧洲。限于篇幅，我无法再多加阐述同等重要的代表人物，如英国的安东尼·吉登斯（Anthony Giddens）、法国的皮埃尔·布迪厄（Pierre Bourdieu）和让·鲍德里亚（Jean Baudrillard）、德国的乌尔里奇·贝克（Ulrich Beck）和尼克拉斯·卢曼（Niklas Luhmann）等。后现代社会学

---

① 谢俊贵．凝视网络社会——卡斯特尔信息社会理论述评．湖南师范大学社会科学学报，No. 3（2001）：41－47.

② 刘少杰．后现代西方社会学理论．北京：北京大学出版社，2014：332.

③ 曼纽尔·卡斯特，著．夏铸九，黄慧琦等，译．千年终结．北京：社会科学文献出版社，2006：321.

标志着社会学进入了快速而成熟的发展时期，它以自觉的反思性梳理自己的学术神经，以广阔的胸怀吸纳其他学科之精华，以直接现实性的学术视野在真实的生活世界里揭示出人生和社会更深刻的真谛①。

---

① 刘少杰．后现代西方社会学理论．北京：北京大学出版社，2014：59.

第三章

Chapter 3

见天地、见众生、见自我——

社会学视野中的人与社会

上一章简要介绍了社会学的历史和代表人物，这一章将引入社会学的具体观点。由于本书篇幅有限，实在无法胜任社会学知识体系的完整介绍，即使将知识体系压缩到最大程度，也将远远超过此书既定的篇幅。你也许感到不可思议，社会学这门仅有100多年历史的年轻学科，居然已将自己的知识边界延伸到如此多的领域，几乎包罗了教育、经济、政治、犯罪、性别、民族、家庭、婚姻、爱情、宗教等人类生活相关的万象。但换个角度想，这也是必然的发展结果，社会学从一开始就注定探究这一切，因为它最核心的关注点就是“人与社会”之间的互动关系。

围绕“人与社会的关系”这一议题来梳理社会学的主要观点，对于此书的读者来说最为妥当。原因有三点。

第一，社会学正是在回应这一议题的过程中，建构了形形色色的理论，同时发展了多种多样的分支学科，因此，对这一主题的剖析有助于读者理解社会学的整体脉络。

第二，相对于探讨教育或婚姻这样的具体议题，我相信“人与社会”这样一般性的议题更加符合大部分读者对本书的期待，而对于细分领域的阐述，有兴趣的读者可进一步研读“大部头”的社会学教材或者有关领域学者的专著。

第三，这一议题可以说最为接近社会学视野的核心，对于展示社会学的思考方式来说再合适不过，而分支议题则多多少少都带有交叉学科的色彩。因此，本章将以“人与社会”为线索，向读者介绍社会学对于“社会是如何构建的?”“人是如何融入社会的?”等问题的回答。

任何社会学理论的起点，都在于某种关于“人与社会”的性质及它们的相互关系的假设。基于这些不同的假设，形成了各种理论观点和流派；这些假设的对立，也造成了社会学理论的分裂。社会唯名论、社会唯实论与社会互动论，是社会学中对“人与社会”的性质及其关系的三个基本假设。唯名论认为个体及其行为是客观现实，社会是人及其行为的集合。唯实论认为社会结构才是真正和客观的存在，它独立于构成它的个体之外并凌驾于个体之上。互动论则希望调和唯名论和唯实论之间的对立，认为由个体组成的社会与社会化的个体总是保持着一种双重关系：他既内在于社会，同时又外在于社会；他既为社会而存在，同时又为自己而存在；社会与个人及他们的现实性，存在于两者间的相互依赖和互动中①。也许有些读者已经被上述抽象的术语和晦涩的句子给绕晕了，但无须忧心，本章的主体部分将详细阐述什么是“社会结构”和“个体行为”，什么又是“既内在又外在”“既为社会又为自己”。而在这里要指出的是，从“三个基本假设”中可以发现，社会学的基本视角实际上就只有两个，那就是“从人出发看社会”和“从社会出发看人”。

“从人出发看社会”指的是在人的日常行为和思考中挖掘其背后的社会结构、社会地位、社会分层、社会制度、社会控制、社会变迁等宏观而外在的事物。无论社会是人之运动的集合（唯名论）还是凌驾于个人的实体（唯实论），社会对个人拥有强大的影响力都毋庸置疑。在这个视角上，我们也能进一步理解第一章所说的“想象力”，即在理论的高度上知晓社会的整体运行与发展是如何影响到个人的生活轨迹的。这一视角指向的是一种由内向外的思路，即对个人层面的行为和思考向外寻求社会结构和社会要素的解释。它就像是画一组同心圆，以个人为中心，向外发现影响他的一层又一层社会规律，从而分析个体如何在社会的层层包围中展开行动和思考。这个同心圆的比喻或许让你感到担忧，因为它似乎暗示着社会就像一座牢笼，它限制着你的行动和思想，它将你死死地束缚在你应当在的地方。我们将在下文看到，这取决于你从哪个角度来看，冲突论者从牢笼看到束缚，功能论者则从牢笼看到保护，而互动论者看到的是合谋，即个人是如何自愿地居住在社会这一牢笼中的。

① 周晓虹．西方社会学历史与体系．上海：上海人民出版社，2002：314－315.

“从社会出发看人”指的是探究个人如何在与他人的互动中适应与再造社会。换句话说，这一视角是一种微观视角，它试图回答一个新生儿是如何一步步成为社会的一员，在这个过程中，社会又是如何从一种外在的制度或结构转化为一种内在的认同或品性。我们将在这一部分邂逅自我、社会化、社会角色、社会情境等微观的现象和规律。显而易见，这是一种由外而内的视角，即分析社会是如何进入人的内心成长和精神世界之中的。如果进一步向内探索，你可能隐约感到，它蕴含着一种与上一个视角截然不同的世界观，那就是社会也许只是个人思考和行动的结果，社会是由人建构出来的。这实际上将我们带回了上述的“三个基本假设”之争，但有趣的是，我们在这里从唯实论出发，“探究社会如何进入个人内心”意味着我们已经假设了社会是一种客观存在，然而在深入内心的过程中，我们又渐渐怀疑社会其实不是“实体”，而是一种“名义”，即一种想象出来的事物。从这一矛盾中，可以看出唯实论和唯名论实际上有着内在的相容性，也就是互动论所说的调和，即个人和社会的双重关系。我们将在下文看到，在这一意义上，上文提到的“合谋”如何成为可能。

其实，“从人出发看社会”正是对应了功能主义和冲突理论所代表的宏观视角，而“从社会出发看人”则是对应了符号互动论所代表的微观视角。本章将分别从上述两个视角出发，串联社会学的基本观点，并呈现人与社会之间的奥秘。

■从人看社会

事实上，在第一章阐释“想象力”时，尽管不够详细，但已涉及了宏观外在的社会如何影响个人的选择和行动。当时阐述了个人的生活困扰并不单单是个人所造成的，而是有着社会整体层面的原因，也就是所谓的结构性原因。这里所说的社会整体也就是后来提到的“千千万万个小张”，他们在这里构成了一个社会群体，也就是农村“剩男”，小张所面临的问题，要从这个群体出发来寻找答案，这就是社会学的结构性思考。而它将我们引向了宏观社会学的第一个重要概念——社会结构。

社会结构

社会结构是一个抽象的概念，如果我们采用标准的定义方式，那将犹如云山雾罩一般费解。例如，拉德克利夫·布朗认为，社会结构是某一时刻个人的社会关系的总和；戴维·波普诺认为，社会结构指的是一个群体或一个社会中的各要素相互关联的方式；陆学艺则认为，社会结构就是社会诸要素及其相互关系按照一定的秩序所构成的相对稳定的网络[①]。这些定义固然抓住了本质，但不易理解。实际上对于社会结构这个极为抽象的概念，我们可以更为简洁地定义它：社会结构是一个群体的典型模式[②]。

这句话有两层含义。

---

① 赵孟营．社会学基础．北京：高等教育出版社，2008：399.

② 詹姆斯·M. 汉斯林，著．林聚任，解玉喜等，译．走进社会学．北京：电子工业出版社，2016：95.

其一，社会结构是由群体构成的，这个“群体”的含义十分广泛，一个民族、一种宗教可以指代一个群体，一门职业、一类性别也可以形成一个群体，因此与其称它为群体，不如说它是由一定的要素组合而成的统一体。

其二，群体的行动不是随意的，要素的组合也不是杂乱无序的，而是遵照一定的规则，即拥有典型的模式。

这两层含义揭示了社会结构的两种特征。

第一，它是可以分析的，因为它由要素组合而成。

第二，它是可以用来预测个人行为的，因为它有稳定的模式。

虽然社会结构指向的是群体而非个人，但每个人在某一方面都隶属于某个群体，从这个意义上来说，社会结构这个概念很好地诠释了“从人看社会”，即一个人的行为模式可以在一定程度上拆分成多个社会结构所决定的多种典型模式之集合。

我们可以以大学为例来解释社会结构的特征。你可能正在读大学、或者已经毕业、或者从未上过大学，这都不会妨碍你辨认一所大学——你不会把它认成一家公司或者一座养老院。虽然众所周知的是，大学中的教师、学生、管理人员都处于不断变化中，尤其是学生群体每年都会有新旧更替，同时大学的物质设施——教学楼、操场、办公楼也常常翻新改建，甚至大学所在的位置也会发生变动，整校迁移司空见惯。然而，无论怎么变化，它都依然是一所大学，这是因为组成一所大学的要素依照相对稳定的规则组合在一起。它所包含的学生、教师、管理人员等群体都拥有各自的典型模式，这种模式并不会因为群体内的个人的变化而变化。同时，无论你是男生还是女生，有宗教信仰还是无宗教信仰，是汉族还是少数民族，大学生这一结构身份就注定让你的一些行为是模式化的。例如，你很可能为了毕业而去上课和考试；你很可能在校园里交到朋友和恋人；你很可能常常和朋友出去消遣，因为你有大量的自由时间；你也很可能在花钱时感到心虚，因为你没有固定收入。

一个大学生的行动在很大程度上并不取决于他是谁，而只取决于他是大学生，换句话说，他占据了大学生这个社会位置，而这个位置代表着一种典型模式。因此，一个大学生毕业并不会影响到大学的结构，因为总会有替代的新生来占据这个位置。而人类社会就是由无数的位置所组成的，谁坐上了一个位置，谁就要按照这个位置的规则来行动，只要所有的人都占据特定的位置，社会就能正常运行。“位置”这个概念将我们带向社会结构的组成要素之一：社会地位。

社会地位

社会地位是指人们在社会结构中所处的位置。我们常会说一个人“很有地位”，意思是这个人位高权重，也就是说一个人所拥有的资源、声望和权力与他所处的位置密切相关。更进一步地说，大权在握的不是这个具体的人，而是这个人所占据的位置，比如，主席、总统等国家元首职位赋予占据这个位置的官员以极大的权力，但当官员离职或卸任时，权力并没有随之消散，而是赋予下一个占据这个位置的人。厘清这一点至关重要，因为它让我们明白任何人都受到所处位置的限制，没有人能够超越社会结构的制约而随意行事。这将我们带回第一章所说的“想象力”，任何个人困扰都能从他所处的社会地位中寻找原因，而不应仅仅关注个人本身。

社会地位的另一个性质是它必须在社会结构中存在，必须在与其他社会位置的互动中存在，没有孤立的社会地位。这也同时意味着社会地位是多重的、动态的。一个公司的总监在家中时可能是母亲、女儿、妻子或妹妹，这取决于她和占据哪个社会位置的人进行互动。同时一个母亲不太可能变成一个父亲，无论她和谁进行互动，这表明一些社会地位是相对稳定的。但一个行人可能会变成一个司机，这是因为有一些地位是随情境而改变的。值得注意的是，虽然一些地位不会随着情境而改变，但其重要性会随之增强或减弱，这就是所谓的主导地位和次要地位。当你在公司中面对同事时，你的主导地位就是总监，而母亲、妻子就变成了次要地位。

另一方面，有一些地位是与生俱来的，比如，女儿、妹妹，被称为先赋地位。当你拥有这些地位的时候，你没有必要也不可能做出选择。而另一些地位是个人通过个人努力而获得的，比如，总监、母亲、妻子，被称为自致地位。社会学家认为，如果一个社会更加看重个人的自致地位而非先赋地位，那么这个社会就趋向于平等、自由和进步。在这样的社会里，个人有机会通过努力改变先天的命运。

地位影响人的行为。当你作为母亲时，你可能对孩子们倍加关爱，你会温柔地指出他们的错误；而当你作为总监时，你必须为公司的营利着想，你可能会十分严厉地指出下属所犯的鲁莽过失。你的行为之所以产生变化，是因为你所处的地位不同，而每个地位都携带着固有的规则和资源，它赋予你一个身份，这个身份包含着他人对你行为的期待，而对于这种期待的满足就是所谓的角色扮演。我将在“从社会看人”这部分详细阐述角色理论。现在，让我们将目光转向地位的最后一个重要性质，即它是有高低之分的。

社会分层

人们按照自己所处的社会地位被划入不同的社会阶层，这就是社会分层。社会分层的本质就是对不同的人群进行等级划分，将其打上高低贵贱的烙印。

如果你想象一下奴隶制时期，就容易明白了。奴隶主和奴隶构成社会的两极，在他们中间的是一般平民，奴隶们位于社会的最底层，他们基本上被看作随意买卖和处置的财产，没有丝毫人权可言，而奴隶主们无偿享有奴隶的劳动成果，甚至手握奴隶的生杀大权。但许多奴隶并非从出生起就在社会底层，他们大多是因为债务、犯罪、战争等原因而沦为奴隶的[①]。另一种社会分层制度的主要依据则是人的出身状况，那就是种姓制，其中印度的种姓制最为世人所熟知。印度基于印度教所设立的种姓制，将人们从出生起就从高到低划分为婆罗门、刹帝利、吠舍、首陀罗和贱民，而且这种身份永远不会改变，人们一生都只能待在自己的种姓之中，他们所能从事的工作也由种姓所决定，而非个人的才干。

① 詹姆斯·M. 汉斯林，著. 林聚任，解玉喜等，译. 走进社会学. 北京：电子工业出版社，2016：181.

相比而言，现代社会的阶级制度在划分等级方面没有那么血腥和残酷，但人与人的地位之间依然有着难以逾越的等级之差。

究竟什么因素决定了一个人位于哪个阶级呢？对此，不同的社会学家有不同的回答。卡尔·马克思认为，是否占有生产资料决定了人们的阶级划分。生产资料指的是工厂、土地、机器、工具和用于投资的金钱，占有它的人是资产阶级，而另一方则是无产阶级。马克思认为生产资料的占有状况决定了人们的生产关系，资产阶级通过剥削无产阶级获得大量的财富，而无产阶级只能依靠自己的劳动换取基本的温饱。马克思进一步指出，无产阶级终有一天会觉醒阶级意识，发动革命推翻资本主义社会，建立不再有阶级划分的共产主义社会。

马克斯·韦伯不太同意马克思的观点，他认为生产资料的意涵太局限于财富层面，视财富为唯一指标。韦伯认为，财富、权力和声望构成划分阶级的综合性指标。韦伯的“财富”指的是人们在市场中所拥有的购买力。如果两个人在市场上有相同的机会得到某物，那么在财富这个维度上，他们位于同一个阶级。“权力”则是指不顾他人反对的情况下贯彻自己意志的能力。很明显的例子就是政治权力，尽管高官不一定有很多的财富，但却能够与大企业的老板们平起平坐甚至有时候凌驾于他们之上。最后，“声望”指的是一种基于社会评价而拥有的等级性身份，它常常和财富、权力联系在一起。例如，大资本家和国家元首一般拥有很高的声望，但它有时也独立于这两个因素。例如，大学教授不一定富有、也不一定有权力，但他在社会中享有较高的声望。韦伯认为，这三种要素之间是可以互相转化的，因此，人们若要提升自己的阶级地位，可以从任何一方面入手。

韦伯的推论使得阶级社会成为一个貌似开放的社会，尽管充满艰难，但人们可以凭借自己的努力进入更高的阶级，这就是所谓的“社会流动”。当然流动不一定是往上，也可能是往下。当一个社会中的人们有较多的机会向上流动，又有较大的可能向下流动时，这就是一个开放程度较高的社会。意大利社会学家维弗雷多·帕累托曾提出著名的“精英循环”理论，指的是随着环境的变化，当上层精英的能力不再匹配他们所处的位置时，他们就会被处于下层的、拥有能力的人所取代，而这部分人就成为了新的精英。反过来说，在一个较为封闭的社会中，人们不仅难以向上流动，同时上层人士也不容易跌落到下层来。这是因为一种“精英再生产”的机制在起作用，指的是位于上层的精英利用自己的能力和资源给予其下一代良好的教育和充分的发展机会，同时他们还可能采取措施堵住下层及其后代向上爬的路径。这样一来，社会阶层的人员更替就会在很大程度上只发生于各个阶层内部。社会学家将这样的社会称为“阶层固化”的社会，或者僵化的社会，它的最大特点就是人们可获得的阶层位置极大地受到出生家庭的影响。

从阶层社会的开放性出发，功能论者认为阶层的划分有利于激励人们奋斗：高阶层的舒适生活诱使下层人士刻苦工作，而低阶层的苦难日子则逼迫上层人士勤勉不懈。从阶层社会的封闭性出发，冲突论者则看到阶层划分带来的社会不公：人们难以凭借努力和才干获得应有的报偿，甚至努力的机会也不对等，富人的孩子可以在一流学校中奋发学习，但穷人的孩子可能根本就无学可上。功能论和冲突论向来针锋相对，但在这个问题上，归根结底还是要看社会本身是开放的还是封闭的。

层级的划分贯穿了人类的历史，那么，为何人类在大多数时候都能接受这种划分而不是不停地抗议呢？这个问题将我们引向对社会制度的讨论。

社会制度

社会制度是指人们在共同的社会生活中形成的、指导人们的社会活动的、稳定的规范体系①。也有人认为社会制度是指社会系统内正式或非正式的社会规范与系统内社会成员的共同行为模式的总和②。这两种定义大同小异，只是前者强调制度是一种“规范体系”，而后者的重点在于“系统内”的“规范与行为模式”。其实，这反映了社会制度的两

① 王思斌．社会学教程．北京：北京大学出版社，2010：191.

② 赵孟营．社会学基础．北京：高等教育出版社，2008：251.

种解读，即社会规范和社会系统。社会系统、社会制度、社会规范其实是同一事物在不同层面（宏观、中观、微观）的反映，因此，若你在不同的社会学著作中发现这三者似乎难解难分，实属十分正常。无论如何，采用上述的定义方式不符合本书的宗旨，现在此介绍另一种对于社会制度的解读。德国社会学家阿诺德·盖伦认为，社会制度是一种调控机制，它就像本能引导动物行为一样疏导人的行为。也就是说，制度提供程序，通过这种程序，人的行为被模式化，人们不由自主地按照社会所希望的方式进行活动，人们甚至认为这种方式就是唯一的选择①。

这一解读方式又将我们带回了第一章所说的“想象力”，即将个人的生活机遇与社会的整体安排联系起来，我们可以继续以第一章所提到的爱情为例子来阐述社会制度对人们行为的影响。美国社会学家彼得·伯格在介绍社会制度时，也以一夫一妻制为例，他提到当一对情侣陷入爱河之后，他们能在内心听到“结婚”的指令，就好像猫见到老鼠时就听到“吃”的指令一样②。唯一的不同在于，猫的指令来自本能，而情侣的指令来自社会制度的驯化。爱一个人、与之结婚、保持忠诚、偕老一生，对于大部分读者来说，是再正常不过的爱情婚姻的表现方式，但它并非如猫抓老鼠那般天经地义，而是一种社会制度。我们知道，中国古代是实行一夫多妻制的，当今许多伊斯兰教国家也还有着纳妾的传统；而在中国的横断山脉中，一些母系社会依然实行着走婚制，男女之间不需要缔结夫妻关系，生下的孩子由女方家庭负责抚养；此外，在斯里兰卡的部分地区，有着一妻多夫制的家庭组成方式。可以看到，一夫一妻制只是特定历史和地区的一种社会制度，即使知晓了其他制度的存在，我们依然感到一夫一妻制才是最可取的。这正是体现了社会制度的力量，它将我们改造成了它所希望的样子，这将在“从社会看人”中详细阐述其间的具体过程。

我们的生活中究竟有哪些社会制度呢？一般来说，最典型的社会制度有五类：教育、家庭、经济、政治和宗教。教育的目的是培养人们获

---

① 彼得·伯格，著. 何道宽，译. 与社会学同游. 北京：北京大学出版社，2014：100.

② 彼得·伯格，著. 何道宽，译. 与社会学同游. 北京：北京大学出版社，2014：101.

得离开家庭、进入社会所需的知识、技能、人格。家庭的目的是延续社会的再生产，婚姻制度、生育制度都是家庭制度的一环。经济的目的是对商品和服务的生产、分配和交换建立规范体系。政治的目的是保证社会的秩序，同时分配权威。宗教的目的是为生活提供终极意义。

帕森斯认为，任何系统都要满足四个基本功能方能正常运行，即适应（Adaptation）、目标达成（Goal Attainment）、整合（Integration）、模式维持（Latency），这就是著名的AGIL模型。对于社会系统来说，它的这四个功能分别由不同的社会制度来完成。经济制度满足适应的功能，只有通过经济活动，社会环境中的资源才能转化为满足成员需求的产品和服务。政治制度满足目标达成的功能，它为社会制定发展目标，并将人力、物力集中起来，为此，它需要拥有相应的权威或权力。法律制度和一部分宗教制度承担整合功能，它们保证社会的团结，并在出现冲突时进行调解。家庭制度、教育制度、部分宗教制度承担模式维持功能，它们保障社会基本价值规范的存续，使之不受社会成员更替的影响①。

如AGIL模型所描绘的那样，微观的社会规则和中观的社会制度最终确保了大社会系统的顺利运行。必须承认的是，如果没有这些规则和制度，社会系统就会崩坏，我们的生存境遇也将面临危机。

可以看到，这种“保护”多少是建立在“谎言”的基础上的。制度将自己伪装成天经地义的“本能”，但事实并非如此，它从一开始就企图让人们忽略制度安排以外的选择，进而限制了人们的行动和思考。并且，当人们意图逾越制度安排时，就会有一种社会力量来矫正我们的行为，那就是社会控制的力量。

社会控制

社会学家中最早提出社会控制的人是美国社会学家罗斯。在距今100多年前罗斯就写了《社会控制》一书，宣称人类的自然情感（同情

---

① 赵孟营．社会学基础．北京：高等教育出版社，2008：255－256.

心、正义感、互助等）不足以维持社会稳定，因此有必要引入普遍的、公共的社会调节和管理手段，具体包括宗教、法律、舆论、礼仪、道德、习俗等。从这个意义上来说，社会控制指的是为了维护社会秩序，对社会成员的行为和观念加以约束、引导和管理的制度或手段[①]。

上面说到社会制度的一大功能就是使社会整合，也就是保证社会的安定有序，并在出现威胁因素时进行排除，而法律制度正是实现这一功能的代表。在这里所说的社会控制，也与法律制度有着密切的关系。实际上，人们最容易联想到的社会控制，就是对犯罪行为的打击。法院、警察、监狱等组织的存在，对谋杀、抢劫、强奸、偷窃、诈骗等恶劣行径起到了显著的抑制作用。若没有这些控制机制，社会将会一团糟，人们再也无法安心地在夜间出行，去超市购物可能遭遇抢劫，去公园散步可能被强奸，一旦遇上犯罪团伙之间火拼，即使待在家中也可能命丧于流弹。如果你看一看西亚和非洲的一些常年处于动乱中的地区，就知道这些情形并不是无稽之谈。当法律制度缺席、社会陷入失控之时，社会成员的生命和财产安全就迎来灭顶之灾。从这个意义上来说，社会控制的积极作用是毋庸置疑的。

但社会学家会忠告我们，这套治安组织并不具有天然的正义性。一个独裁的君主可以用警察、监狱甚至死刑排除一切胆敢反对他的人，清朝时的“文字狱”就是一例。16 世纪时英王亨利八世将男同性恋判为鸡奸罪，并处以死刑；一些国家的经济发展初期，许多如今司空见惯的商业行为都会被视作投机倒把，并以刑事案件论处。从上述例子可以看出，犯罪未必是道德堕落、威胁社会的，它在很大程度上受到时空背景的影响，而相应的社会控制力量也未必是伸张正义、保护人民的，它也可能化身为令人恐惧的“合法犯罪集团”。如果你想一想墨西哥病入膏肓的司法和执法机关，就能更深刻地体会到社会控制力量也能在转眼之间成为人们最大的威胁。此外，如果你觉得这些都太过遥远，那你不妨回忆一下这些年有关城管暴力执法的新闻。这种种事实告诉我们，治安组织作为社会控制的代表，它的本质是“暴力”。没错，社会控制的终

① 赵孟营．社会学基础．北京：高等教育出版社，2008：279－280.

极手段就是“暴力”[①]。因此，当治安体制面对恶性犯罪时，是“以暴制暴”，而当它被用于维护统治者的利益和立场时，就是“以暴欺民”。“暴力”作为社会控制的手段，很多时候并不需要直接使用，有时仅仅展现“施加暴力的能力”就足以达到维护秩序的目的，这被称为“威慑”。当今许多国家都依靠“威慑”来抑制犯罪或者人民对于政府的不满。

社会控制并不仅仅针对犯罪，法律制度和治安组织也只是社会控制的一小部分，社会控制真正的对象是越轨。越轨是一个宽泛的概念，它包含了犯罪，大体上是指对社会规范的背离[②]。如果你还记得社会制度是一套共同生活之人的规范体系和行为模式，那么越轨就可以视为对这种规范的不遵从，或者对这种行为模式的偏离。对越轨的关注，让社会学家将社会控制放到人们的日常生活中来考察。而在我们的生活中，最强大的社会控制力量就是道德。

道德可以理解为一套人们共同享有的、关于什么是好人的规则。这里的关键点其实不在于“好人”，也不在于“规则”，而在于“共同享有”。正是在这个基础上，道德才具有了威力，它决定了人们是否被群体所接受。一旦违反道德，人们就面临被群体讥讽、谴责、羞辱和排斥的危险，换言之，自己在群体中得到的支持和获得的地位都将受损，最终失去作为“群体的一份子”的归属感[③]。因此，道德涉及的是一个社会群体的边界意识，当人们违反道德时，他们实际上就是跨越了这条边界，从群体内的“我们”变成了群体外的“他们”。也就是说，越轨者侵犯了所在群体的集体感，他们对自己是谁这件事产生了质疑，其行动的结果就是越轨。而道德发挥作用的关键在于让越轨者感到“羞耻”，于是讥笑、挖苦、斥责就成为有效的手段，它们不单单是一种言语上的负面评价，更是对越轨者心灵的攻击和存在价值的否定。因此，违反道

① 彼得·伯格，著．何道宽，译．与社会学同游．北京：北京大学出版社，2014：82.

② 约翰·D. 卡尔，著．刘铎，等，译．社会学：认识社会把握自我．北京：中国人民大学出版社，2014：239.

③ 艾伦·G. 约翰逊，著．喻东，金梓，译．见树又见林：社会学与生活．北京：中国人民大学出版社，2008：59.

德虽然未必遭到法律的制裁，也不一定面临暴力的威胁，但道德的约束力和控制效果依然十分强大。

道德最令人畏惧的手段当属“羞辱”。在近代和古代的很多社会，“公开羞辱”也是法律制度的一环，罪犯被游街示众，人们对其大声辱骂甚至朝他们扔臭鸡蛋。在此，“羞耻”的威力已经毫不逊色于“暴力”。现代社会中，“羞辱”仍然被作为有效的社会控制手段。乔恩·罗森记述了一位名叫泰德·普尔的休斯顿法官，这位法官将“羞辱”发挥到了极致。他让酒驾致车祸的人连续十年在高中和酒吧门前举牌，上面写着“我醉酒驾车害死了两个人”，十年中钱包里必须装着受害者的照片；他还让小偷连续一周在店门口举牌，上面写着“我偷过这家店，别当小偷，不然站在这里的可能是你”。凡此种种，光听起来就让人觉得“丢脸”。这些措施收效显著，甚至比监狱和罚款更能遏制违法行为。乔恩·罗森进一步指出，这是因为这些“羞辱”发生在当地社区之中，人们在被羞辱时也等于在向社区恳求重新接纳他们，而社区成员就这么做了。但当“羞辱”发生在社交网络上时，情形就大不相同了，网络时代的公开羞辱，有时能完全摧毁一个人[①]。

我们现在已经充分看到了社会控制的力量。你也许会产生疑问，如果社会控制真的这么强大，一切越轨行为都会被移除或矫正，那么社会不就静止了吗？这是一个很好的问题，因为社会的确会动荡、革命以及变迁，这似乎否定了上述社会控制的作用。其实不然，我们要知道，社会控制发挥作用的前提是有完整而稳定的社会制度，而拥有这种制度的地区，发生大范围的动荡和革命是极其罕见的。而其他地区社会控制的减弱则是由于社会制度的崩溃和瓦解，这被称为“社会失范”，也就是一个社会由于剧烈的变迁，导致原有的规范体系遭到破坏，而新的共享标准又没有建立起来，因此社会中的人们就失去了可参照的行动模式，从而迷失了方向。这也将我们引入“从人看社会”的最后一个部分，即社会的变迁。

---

① 乔恩·罗森，著. 王琴卉，译. 千夫所指：社交网络时代的道德制裁. 北京：九州出版社，2016：65－67.

社会变迁

上文说到“社会失范”，是社会系统的结构和功能发生重大失灵的极端情况，比如，战乱时期。而随着社会成员的努力调整，社会制度的机能会逐渐复苏，此时社会系统的结构和功能有可能发生很大改变，这就是我们所说的社会变迁。当然，社会变迁并不必然来自社会失范，社会失范也不必然导致社会变迁，它们的内在联系与上一小节所说的社会控制有关。试想一下，社会控制的对象是越轨，而越轨是指少数人背离了共同生活的大多数人所遵守的规范体系，那如果“大多数人”也一起背离了规范体系，又会怎样呢？听起来可能有些费解，人们为何会背离自己定下的规范呢？答案在于，社会规范体系，或者说社会制度本身，在多数情况下，是由人们的前辈乃至祖先所定下的，在人们出生之前就已确立。而随着时过境迁，这些制度可能不能再适应社会发展的需要了，比如，我国曾经的计划经济体制。此时不再是少数人开始违反规则，而是大多数人都不再顺从制度的安排，人们先从质疑生活中的道德、风俗和习惯开始，再进一步对政治和法律制度发起挑战，社会变迁就这样开始了。而社会失范就发生在人们抛弃旧制度，但还未来得及建立新制度之时。

社会变迁的推动力主要来自环境的变化、人口的变动和技术的发展，其中技术的作用最为明显。美国社会学家威廉·奥格本提出了以技术变革为基础的社会变迁理论。他认为技术通过三个过程改变社会：发明、发现和传播①。发明就是制造自然界没有的事物，发现就是找到自然界本就有的事物和规律，而传播就是将新的知识、技术和观念扩散到更多的人群中，从而改变社会。必须指出的是，奥格本所说的技术，不单单是科学技术，还包括思想产物，比如，民主政治制度、男女平等观

---

① 詹姆斯·M. 汉斯林，著. 林聚任，解玉喜等，译. 走进社会学. 北京：电子工业出版社，2016：458.

念、公司和工厂都是一种技术①。奥格本还提出了“文化滞后”的概念，即技术的发展往往走在文化的前面，人们在生活和生产方式上可能已经与过去完全不同，但人们的一些观念和意识还停留在过去，人们需要时间去适应。这对见证了计算机和互联网技术之普及的我们来说，应该不难理解。但需要注意的是，不能把奥格本的思想简单地理解为技术决定论，因为技术固然能引发或促进社会的变迁，但变迁过程本身是受多种因素影响的，社会在技术面前也不是完全被动的，有时社会也能影响技术的发展方向。

与社会变迁密切相关的概念还有“社会运动”，它是指人们推动或阻止社会变迁的自发性努力②。它的特征是组织性、持久性和广泛性，即聚集起来的并非乌合之众，而是有着理性和热情的人士。社会运动主要包括革命、改良、抵抗和建议四种类型。革命企求完全的社会变迁，例如，辛亥革命；改良的目标是部分的社会变迁，如环保运动、女权运动等；抵抗则是对社会变迁的抵制，如伊斯兰国家反对政教分离的现代民主制度；建议是针对特定人群的运动，如母乳运动号召母亲们用母乳喂养婴儿。社会运动，即使是最激烈的革命，也很难使社会在一夜之间改变，它最大的作用在于自下而上地唤醒人们的意识，让人们看到旧制度的缺陷和新制度的希望。

本节最后，看一看当下正在发生的社会变迁——现代化。它是指从18 世纪中期开始的，一种从传统的农业社会向现代的工业社会的变迁，其改变的不仅仅是生产方式，还涉及人类生活的方方面面。英美等西方国家是率先进入现代化的，并且现在已经进入了高度现代化或者说后现代化时期。因此，现代化也被一些人称作西方化，他们认为现代化的发展必然使得一个国家或地区越来越接近西方，这被称为“趋同理论”。如果从一些现代化的具体内容来看，比如，低生育率、持续城市化、人均受教育水平上升、政治民主化、社会法治化、经济市场化等，当今许

---

① 约翰·D. 卡尔，著. 刘铎，等，译. 社会学：认识社会把握自我. 北京：中国人民大学出版社，2014：314.

② 亚历克斯·蒂奥，著. 丛霞，译. 大众社会学. 7 版. 北京：人民邮电出版社，2012：492.

多发展中国家确实在一步步朝着西方迈进。但另一方面，人们也看到每个国家或地区都有自己特殊的历史和文化，许多成功的现代化国家都保留着自己的传统特色，如日本和中国，于是一种“发散理论”被提了出来，主要观点是说现代化是多元的，并不仅仅是重走西方国家走过的路。

从社会看人

在这一部分，我们探索“人与社会”之旅将变得较为抽象。这是因为在上一部分，我们是向外看，尽管那些概念对你来说可能比较陌生，但它们所指代的事物都是看得见摸得着的。但在这一部分，我们将向内心世界出发，叩问“自我”的由来，探讨人对社会的适应过程和再造过程。这些过程存在于我们的日常生活中，却最容易被我们忽视，因为它们在我们还是婴儿的时候，就已经开始了，等到我们懂事的时候，已经“不知不觉”地成了社会的一员，换句话说，社会不仅外在于我们，它还扎根在我们的内心，并且这个种子在我们还不会说话的时候就开始发芽了。社会学家将这个过程称为“社会化”。

社会化

社会化是这样一个过程，无助的婴儿逐渐拥有独立认知、思考、感受和行动的能力以及关于自我的意识，并慢慢掌握了他周围的环境和文化，从而踏上自力更生之路，并在离世之前不断加深对这个社会的理解，同时调整自己以适应这个社会。这句话的前半部分是传统的社会化的定义，来自吉登斯的《社会学》[①]，特征是以婴儿为起点，以自力更生（成年）为终点，其用意在于当一个人成年时，通常意味着他融入了社会，那么社会化就算是完成了。然而，越来越多的社会学家，包括吉登斯自己，都会在介绍社会化的末尾加上“继续社会化”或者“生命历程社会化”，意在囊括成年之后的经历。原因之一是人们随着年龄

① 安东尼·吉登斯，著．李康，译．社会学．5版．北京：北京大学出版社，2009：133.

的增长，会体验新的人生事件，需要再一次适应生活，例如，结婚、生子、子女结婚、子女生子等；原因之二是当今社会的变迁速度很快，知识和规范在很短的时间内就会面临挑战，人们不得不屡屡重新融入社会。因此，本文直接在最开始就将整个人生作为社会化的过程，以防读者忽略成人之后的社会化的重要性。

儿童与自我

我们首先从孩童时期的社会化说起，这是一个人获取独立人格的基础，即认识自我的过程。幼儿直到两岁以后，才会使用“我”这个概念，而它的形成则与儿童和周围人的互动有关。

美国社会心理学家库利提出了著名的“镜中我”理论，其要旨在于人没有可能在无人的环境下认识自我，初生的婴儿并不觉得自己和父母、和其他人有什么分别，直到几个月后，他们才知道自己是不同的人，也渐渐获得了对于“关系”的认识。库利认为，人对自己的了解实际上是通过对其他人对自己的看法来获得的，也就是“我看人看我”，他人就是一面镜子，这就是“镜中我”的出来①。具体来说，主要有三个步骤。

第一，我们想象自己在他人眼中的样子。

第二，我们想象他人对这个样子怎么评价。

第三，我们根据这种评价形成自我感觉。

所以，你觉得自己在他人眼中是善良的，你就很可能感到自己是善良的，你觉得自己在他人眼中是谦卑的，那你就不太可能觉得自己是傲慢的。这就是“他人承认”的重要性，也是“不要在乎他人眼光”在实际生活中很难说服自己的原因。但你可能会说，有些评价不是想象出来的，是他人告诉我的。但是，这里所说的他人并不单单是指真实的一个个人，还包括一个泛化的他人，一个我们想象中的他人，而你是不可能直接和这个他人进行交流的。这就将我们引向另一个重要人物的理论，即米德的“一般化他人”。

① 邱泽奇．社会学是什么．北京：北京大学出版社，2002：80.

米德的理论与我们下文将详细阐述的社会角色有关，他认为自我的形成就是一个不断学会扮演他人角色的过程。这种他人分为“重要他人”和“一般化他人”。前者是对我们的生活有重大影响的人，也就是与我们有频繁的直接互动的人，如父母、兄弟姐妹、祖父母等；后者是我们所接触的形形色色的他人，并据此想象出来的更大的社会圈子，也可以说就是“社会”本身。从这个角度来说，在米德这里，形成自我与发现社会是同步的。承担一个角色，前提是知道他人对这个角色的期待是什么，也就是培养我们设身处地的换位思考能力。当我们具备扮演一个角色的能力时，就可以说我们“内化”了这个角色的社会期待。当我们“内化”了越来越多的角色期待时，我们就对社会有了一个整体上的理解，也就是“内化”了社会。如此一来，“社会”就成了“自我”的一部分，而我们就成为了社会希望我们成为的样子，这就是社会化的秘密。

米德认为，儿童学会角色扮演有三个阶段。

第一个阶段是模仿。约在三岁之前，儿童会效仿父母的行动，比如，学母亲洗东西，学父亲看报纸，但这时候他们不知道自己在干什么，只是简单地进行模仿。米德认为这是为角色扮演做准备。

第二个阶段是嬉戏。约在三岁到六岁，儿童会学着扮演“重要他人”的角色，他们可能用奶瓶给玩偶喂奶，也可能穿大人的衣服来假装自己是大人。这时他们已经有了站在他人角度看待自己的能力。

第三个阶段是游戏。约在六岁之后，儿童开始意识到普遍社会规则的存在，他们开始玩足球、跳皮筋、过家家等包含复杂互动和规则的多人游戏，而在玩游戏的过程中，儿童们开始明白人生这场游戏也是有规则的。

用米德的话来说，就是人们开始有了“客我”。“客我”是指“自我”中被社会化的那部分，它了解社会规范、价值标准和社会期望。与“客我”相对的是“主我”，这是米德的理论为我们留下“尊严”的地方，我们之所以不会成为社会化的“囚徒”，我们仍留有反抗社会的意志，全赖于我们还拥有“主我”。它是我们的人格中不容易被社会侵蚀的部分，它在本质上是自发的、主动的和富有创造性的。“客我”的存在，使我们能预测每个人的大致行为模式，即社会所允许的模式；而“主我”的存在，使每个人又都以独特的方式生存于世。

与儿童社会化有关的还有心理学的诸多理论，例如，弗洛伊德的本我、自我和超我，皮亚杰的认知发展四阶段，科尔伯格的道德发展三阶段等。

青少年的社会化

下面再来看看青少年时期的情景。这是人们的学龄期，此时最重要的变化是走出家庭，将越来越多的时间花在学校以及和同辈群体（同龄朋友）的相处之中。学校在社会化的功能上充当着家庭的延伸，它教会人们更多的道德、社会价值观、传统习俗和法律法规。而同辈群体往往担任着反叛角色，它让青少年暂时远离大人们的权威，远离他们已经听腻了的“大道理”，在和自己差不多的人群中找到归属感。

青少年时期，人们的身心发生着剧烈的变化，比如，大脑发育趋于完善、第二性征开始凸显、独立自主的渴望逐渐加强。这些变化带给青少年许多烦恼，但他们往往不会向父母、老师进行倾述，相反，他们选择自主地克服困难，或者向同辈群体求助，尽管许多方式可能是不恰当的，但他们不想听大人的劝阻，因为他们感到和大人在一起充满拘束，这就是所谓的“叛逆期”。

有关这个时期最值得阐述的社会学思想是，其实它以前是不存在的。你可能感到疑惑，我们已经听惯了青少年问题、青少年教育、青少年保护等类似的讨论，怎么能说青少年不存在呢？青少年是人们的学龄期，而制度化的学校是近代才出现的。再加上以前社会生产力没有这么发达，十几岁的人已经是劳动力的一部分，并没有让他们迷茫于孩子与成人之间的余裕。所以青少年时期不是一个生理阶段，而是社会创造的产物。

成年人的社会化

成年人虽然已经很大程度上融入了社会，但他们由于结婚、生子、步入职场、升迁等因素，又和先前的人生阶段一样，不断学习新的社会规则，扮演新的社会角色，并内化他们。

在这一阶段，人们会经历所谓的“中年危机”，即父母和长辈相继去世，孩子们渐渐独立，生活的激情慢慢消退，人们陷入无聊、迷茫、失望、沮丧的漩涡。应对危机的最好办法，是珍惜自己拥有的一切，如奋斗了半生的事业、相守了数十年的伴侣、志同道合的朋友。同时，为自己的后半生定下新的目标，让梦想把心灵重新年轻化。

当代社会使继续社会化变得更为复杂，原因在于风险和不确定性在这个日新月异的时代已经成为常态。影响最大的两个因素是婚姻的不确定性和职业的不稳定性，前者可能改变一个人的家庭，后者可能威胁一个人的生存和自我价值①。因此，即使身为成年人，我们的社会化之路也还有很长的旅程。

老年时期的社会化

老年时期是一个长久以来被人们忽略的阶段。曾经，老年人备受尊敬，他们有着丰富的人生阅历，某种程度上来说，他们就是社会规范本身，年轻人要听命于长者的教导。而在现代社会，老年人常被当作社会和家人的负担，消失在公共舆论之中，消失在人们的视野之中。在当代家庭中，老年人唯一的作用可能就是给双薪家庭带孩子，而电视剧中频繁渲染的代际差异，又将老年人的保守、顽固、跟不上时代的一面凸显出来。另一方面，当今社会是一个日益老龄化的社会，老年人的人口比例史无前例地高涨，并且还将越来越高，中国已经步入了老龄化社会。这意味着我们必须重新看待老年人的社会生活。

实际上，随着养老功能从家庭转移到社会，老年人已经越来越能够独立地生活，再也不是家庭的负担；同时，许多老年人继续坚守在生产性岗位上，或者以自己的方式服务于社会，根本没有成为社会的负担。随着老年人口的增多、公共设施的完善，老年人的身影越来越多地出现在我们的身边，饭点前的公交车上、傍晚的公园里、清晨的社区中、夜晚的广场上，老年人有自己的朋友圈子、娱乐方式、兴趣爱好，其生活

---

① 赵孟营．社会学基础．北京：高等教育出版社，2008：51－52.

的丰富多彩程度毫不亚于年轻人。从这个角度来说，一个刚步入老年时期的人，要学的东西有很多，他有一大堆要适应的新规则和新生活方式，这就是老年人的社会化。

与老年社会化有关的重要理论还有“文化反哺”①。它说的是，现代社会中技术、知识、文化的发展加快，年长一代所学的东西很多已经落伍，而年轻一代接受新事物的速度更快，于是年轻人反过来给长辈灌输新的知识、观念和生活方式。这里的年长者不止包括老年人，还包括中年人。很好的例子应当是手机、电脑和互联网的使用。我们常常可以看到孙子、孙女教爷爷、奶奶如何使用新型智能设备的场景，这就是文化反哺。此外，还有新时代的消费观念、婚恋观念、时间观念等，都需要年轻一代反哺给他们的长辈。

与老年社会化密切相关的另一个问题是“死亡社会化”。实际上进入老年期的最大特征，就是人们将感到死亡从未如此真实。对死亡的恐惧是本能的，但社会有一套方式帮助人们克服这种恐惧。死亡社会化就是教育人们接纳和认同死亡，理解死亡，坦然地对待死亡②。其主要的方式有两种：一种是传统的宗教方式给死亡赋予神圣性，使人们相信死亡并不是终结；另一种是现代的临终关怀，即利用专业技巧帮助临终者平和地迎接死亡。总之，老年社会化的主要内容就是优雅地变老和从容地去世。

至此，以“生命历程”的方式，从出生到死亡完整介绍了社会化的过程。这是一个社会深入内心的过程，用彼得·伯格的话来说，是我们在内心重新建筑了社会的围墙，是对我们自己的背叛，是纵身跳入社会陷阱的过程③。然而，我们并不是海绵，被动地吸收社会的影响。在与社会接触和互动的过程中，我们每个人都积极地参与了自身人格的塑造。在一系列复杂的社会融入中，我们没有成为一模一样的螺丝钉，而是拥有了名为“个性”的心灵。总的来说，社会化具有双重性：一方

① 周晓虹．文化反哺：变迁社会中的亲子传承．社会学研究，2002：57－57.
② 赵孟营．社会学基础．北京：高等教育出版社，2008：35.
③ 彼得·伯格，著．何道宽，译．与社会学同游．北京：北京大学出版社，2014：138.

面，我们通过社会化得以融入社会、生存于世；另一方面，社会也因为社会化的我们而得以延续和发展。社会化将不同时代联系在一起，贯穿着每个人的生命历程，它以令人惊叹的缜密性将个人与社会结合在一起。

社会角色

上文已经提到了多次“角色”这个关键词，实际上它是一个结构性的概念，也就是说，它是属于社会学中宏观层次的，本不该放在讲述微观世界的这一部分。它与上一部分所说的社会地位可谓是同一硬币的正反两面，没有社会地位就没有社会角色，没有社会角色的社会地位也只是一个空壳。在书的这一部分讨论社会角色，是因为它确实是典型的“从社会看人”，并且与上文的社会化和下文将要讲到的社会建构有紧密的内在联系。

角色是地位赋予个体的一套观念、价值、态度和规范的集合，它是个人对社会期望的回应，是社会结构位置和个人行动模式的结合。在谈社会地位的时候，我说过地位赋予人身份，换句话说，就是人占据了一个社会位置（地位）后，就需要扮演相应的角色。比如，对一个大学生来说，他占据了“大学生”这个位置，就要接受社会对他的期望，即好好学习、掌握知识和技能、成为有用之材。在他回应这份期望时，就是在扮演“大学生”这个角色。角色的类型划分和地位一样，比如，也分为先赋角色和自致角色、相对固定的角色和相对开放的角色。和地位类似的还有一点，角色也是在和其他角色的互动中，才显现出所要遵循的行动模式。比如，一个大学生在和他的同学、老师、实习同事等人互动时，所扮演的角色是有差异的。

这种差异有时会带来矛盾，称为“角色失调”。它的一个原因是“角色群”现象，即同一个身份可能要扮演不同的角色，如上述的大学生；另一个原因是每个人都同时占据着多种地位，拥有着多种身份，比如，一个大学生可能也同时是一个短跑运动员、网络主播和公众号专栏写手。而这里所说矛盾主要有两类。

一是角色冲突，就是不同角色之间的社会期待相矛盾。一个很好的例子就是“诸葛亮挥泪斩马谡”的故事。马谡刚愎自用，大意失街亭，按军法理应斩首，而诸葛亮身为三军统帅，为了严明军纪、安定军心，理当处死马谡。但是，诸葛亮素来赏识马谡，与他亦师亦友，交情匪浅，实在不忍亲手杀死马谡。诸葛亮内心的痛苦和挣扎，就是角色冲突的典型。与之类似的，还有“关羽华容道义释曹操”。关羽身为蜀汉将领，理应抓获敌军元首。但是曹操曾对关羽有情有义，而关羽以“义”为人生信条。关羽因此陷入了两难的境地，这也是角色冲突。

二是角色紧张，就是虽然角色之间的社会期待没有矛盾，但一个人的时间和精力终归是有限的，有时为了扮演好一个角色，不得不放弃另外一些角色。例如，人们常说的“见色忘友”，其实是一个人陷入热恋时无暇他顾的写照。再如，英国曾经的女首相撒切尔，为了治理英国殚精竭虑，因此没有时间尽到身为母亲的义务。现代社会中，有许多职业的工作压力都很大，在这些岗位上的人往往难以协调工作与家庭，可以说角色紧张在现代社会是十分普遍的现象。

从“角色紧张”中可以领悟到，扮演一个角色是需要个人付出努力的，个人并不能在占据一个地位时自动地学会扮演相应的角色。因此，角色所承载的社会期待虽然是客观的，但角色扮演本身则是主观行动的产物。例如，你可能在一次意外的避孕失败后成为了一个婴儿的父亲，但你还没有学会怎样承担一个父亲的角色。成为一个父亲很容易，但做好一个父亲却很难，这需要你长期的努力和实践。此外，不得不提的是，角色虽然是观念和态度的集合，但它并不代表你先拥有了这些观念和态度，然后把它们转化为行动。许多时候，观念和态度是在行动的过程中诞生的。你对一个刚出生的婴儿可能并没有多少感情，但随着你和他越来越多的互动、越来越久的相处，你渐渐将他作为你生命中的至宝。同样，我们之所以把伴侣之间的性行为称为“做爱”，是因为在这个过程中，伴侣双方会加深对彼此的理解和承诺，这是一个“制作”爱的过程。

延续上述讨论，最后再谈一谈角色与地位的关系。尽管在大多数时候，一个人的角色是由他占据的地位所决定的，但当涉及权威时，也会出现例外。权威是指人们所认可的权力。韦伯把权威分成传统型权威、克里斯马权威和法理型权威。第一种和第三种权威都来自一个人所占据的地位，区别是前者的地位来自道德习俗，后者的地位来自正式制度。但第二种权威却来自这个人本身，克里斯马是英语“魅力”的意思，一个拥有魅力的人扮演领导者的角色，不一定要有领导者的地位。例如，英法战争时著名的“圣女”贞德，她只是一个法国农村少女，但自称得到“上帝启示”，又由于她非凡的军事才能和无与伦比的人格魅力，得到了大批人的追随。在她获得兵权之前，就有大量士兵心甘情愿地听她号令。后来的法国皇帝拿破仑也是如此。拿破仑曾经兵败被流放，但他伺机回到法国之时，尽管他的身份是罪犯，但士兵和人民都敬仰他，又重新以他马首是瞻，拿破仑就这样兵不血刃地夺回了法国。拥有克里斯马权威的人被视为天生的领袖，他们不需要地位作为后盾，仅仅凭借自己的人格就能扮演领袖的角色。

但是，这种人毕竟还是少数，在现代社会，个人大多遵照科层制赋予的地位和角色行事。科层制是指一个组织内成文的、严格的等级结构，它以效率为唯一目标，广泛存在于学校、政府、公司、军队等几乎一切现代组织之中。我们在科层制中不被当作具体的个人，而是特定等级位置的占有者。换言之，科层制不处理人，而是处理地位，它不在乎你的具体人格，而只在乎你有没有扮演好相应的角色。可以说，科层制是法理型权威最纯粹的表现形式，也是“角色”在现代社会成为一种束缚的最大原因。

拟剧论

这一节，换个角度继续来探讨“角色”。我相信很多人在看到这个名字时就已经想起了戏剧。没错，“角色”这个概念本来就来自戏剧，而有一位叫欧文·戈夫曼的社会学家，更是把整个社会当做一个大舞台，把生活中的互动都作为一幕幕戏剧，把人们展示自我的过程当做一次次表演来研究。

戈夫曼的这个理论叫做“拟剧论”。顾名思义，就是以分析舞台上的戏剧的方式来研究人们的社会生活。作为舞台上的表演者，每个人有属于自己的前台、后台、布景、道具、观众和剧组。戈夫曼把人们的表演主要分为前台表演和后台表演。前台是指一个人与大多数人互动的地方，比如，一个大学生在课堂上、在实习公司中的时候，他就处于前台，他必须时刻了解周围人对他的期待、处处遵守严格的规范，否则就可能表演失败从而招来惩罚。而当这个大学生待在寝室或者家中的时候，他可能就会松懈下来，头发乱糟糟、脸也不洗、躺在床上吃着薯片，这时他就是在后台，他有更多的自由做自己想做的事。布景和道具则是一个人为了帮助自己顺利地表演而对舞台的美化。比如，你要赴一个浪漫的约会，你就会把地点定在一家温馨的餐厅，而不会选择一处吵闹的街角；同时，无论你是男是女，你都会穿上自己最体面的衣服，打理好头发，也许还会喷上香水，再用化妆品掩饰自己的瑕疵。这里的场景选择就是布景，而服装、香水和化妆品都是道具。观众也是表演成功不可或缺的部分。观众不止是被动地观看你的表演，他们还会协助你的表演，比如，你讲了一个很冷的笑话，一些观众就会很捧场地开始大笑。假如观众不配合，不仅表演者会难堪，观众也会陷入尴尬。有的时候，完成一次表演需要他人的协助，比如，父母要协调一致地教育孩子、公司领导层要口径一致地说服员工，这时就形成了一个剧组，组内的人互相配合完成表演。

戈夫曼提出，人们为了更好地进行表演，锻炼出了一种叫做印象管理的能力，就是设法给别人留下自己想要的印象。印象管理主要的策略有四种。

第一种叫做理想化表演，也就是掩饰自己的缺点、炫耀自己的优点。当一位男士想要追求一位女士的时候，他肯定会掩饰自己不好的一面，比如，囊中羞涩，不会用昂贵的晚餐和奢侈的包包来笼络芳心，他可能会经常和女方聊诗词歌赋、人文历史等远离世俗的内容，以显得自己格调高雅、知识渊博。

第二种叫做误解表演，即刻意让别人产生错觉，和第一种的差异在于理想化表演不涉及虚假印象。比如，爱慕虚荣的人会不惜举债购买奢侈品，让别人误以为他生活优渥。再比如，父母骗年幼的孩子说，奶奶只是去了远方，不久就会回来。

第三种是神秘化表演，这是为了让别人产生崇敬感而刻意与人保持距离的做法。我们常说的“距离产生美”，其奥秘就在于此。有权者也用这种方式来维护自己的权威，如不与下属一起吃饭，其办公场所和下属隔开等。

第四种称为专一化表演，是说人们倾向于一次只表演一个角色，尽量回避不同角色同台演出。比如，电影中的黑帮老大不会在自己孩子的面前杀人，现实中的教师也不会在上课时对恰好在班中的孩子特殊照顾。这里可以联系上一节说过的角色冲突，人们利用专一化表演的技巧，就是为了避免角色冲突从而在他人眼里留下矛盾的印象。

在听完拟剧论的介绍后，你可能会觉得“哇，社会是真的险恶”，原来人人都在勾心斗角、处心积虑地伪装自己。其实并非如此，角色表演往往是在不假思索之中完成的。这里的奥秘就是前面说过的“社会化”。人在成长的过程中，已经把社会规范融入内心，因此我们的举手投足、一颦一笑都在不知不觉中遵循着角色赋予我们的规则。因此，你若是男生，就不会觉得自己不能穿女装而浑身不自在；你若是学生，就不会觉得在课堂上禁止打电话是一种压迫；你若是教师，就不会觉得在办公室为学生解答问题是一种伪装。我们大多数时候都是诚实的，愿意相信自己是一个好学生、好老师、好员工。但有一种情况是例外的，即人们对所要扮演的角色并不认同。例如，一个奴隶并不想做一个“好奴隶”，他只是表面顺从主人，实则计划着逃跑；或者一个厌倦聚会的人为了不破坏朋友们的兴致，假装乐在其中。这种情形被戈夫曼称为“角色距离”，意思是人们的本性与所扮演的角色有一定的距离。由于这里确实构成一种“伪装”，因此和上述的角色表演有所不同，表演者需要付出更多的努力，以防自己“露馅”。同时，这也让我们回想起米德所说的“主我”和“客我”。“角色距离”就好像“主我”，为我们的个人自由留下了一席之地，我们并不是只会照着剧本行动的提线木偶，而是有着自我意识的、清醒的人。尽管在旁人看来，你是有意还是无意地进行着表演，并没有什么差别，但它所蕴含的本质是不同的，它埋下了自由和反抗的种子[1]。

人们并不需要担心“拟剧论”为自己带来一个充满谎言的社会，因为撒谎很累，但人们也不会轻易表现真实的自己，大多数人选择了戴上面具。在拟剧论这里，自我、角色、面具其实是一个意思。人们戴上面具，既是为了使他人满意，也是为了保护自己，隐藏自己脆弱的一面。在现代社会，人们的工作与生活压力越来越大，一个令人担忧的现象就是，人们越来越习惯于戴面具和换面具，以至于人们都忘了面具下的自己是什么样。这就是我们常说的“迷失自我”，所以掌握“角色距离”的技巧很重要。

社会情境与现实建构

本章开头介绍过，当人们从社会现实出发探寻内心世界的时候，会渐渐看到社会现实并不是一种外在于人类意志的固定存在。如上述的“社会化”所说，社会把人们塑造成它想要的样子，但社会本身也是人们行动的结果。而“社会角色”和“拟剧论”告诉我们，实际上，在和他人的互动过程中，每个人并不是真的在跟那个人交流，而是在和自己心中这个人的形象进行交流。这可能有点儿费解，但你可以想象一下，假如其他人和这个社会都是与你的意志无关的客观存在，那么任何人与一个特定的人进行互动的方式都应该与你一样，因为这个人一直都是这个人。但现实中并非如此，你只要把这个“特定的人”想象成你自己，人们与你互动的方式往往是随着不同的情境而有所变化的，这是因为不同的情境中，他们心中关于你的形象是不同的。

社会情境是与人联系在一起的社会环境，它最早由威廉·艾萨克·托马斯提出，意在说明“永恒不变的现实”其实是不存在的。社会情境的构成要素是人和环境，也就是说，即使在同一个房间中，当站在这个房间中的人是不一样的时候，那么这里的情境就是不一样的。比如，你跟男朋友在酒店房间中的时候，你的感觉肯定和你跟父母在同一个酒

---

① 彼得·伯格，著．何道宽，译．与社会学同游．北京：北京大学出版社，2014：136.

店房间中的感觉是不同的。托马斯有一个著名的情境定义，叫做“如果人们把情境定义视为真实的，那么其结果就会是真实的[①]”。这句话也被称为“托马斯定理”，它的意思是说，情境对一个人的影响，取决于这个人如何定义这个情境。托马斯定理击碎了“现实”的稳固性，把它变成随人的意志而漂浮的事物。以“教堂”为例来说明：对于不相信上帝的人来说，教堂不过是一座有特色的建筑；但对于信仰上帝的人来说，教堂则是与外面的世俗空间完全不同的神圣空间。因此，这两类持不同观念的人不仅对教堂的态度不一样，而且在教堂中的行为也是不一样的：不信者是来观光的，信仰者则是来祈祷、礼拜或者忏悔的。如果把这个“情境”扩大到整个社会，那么对人们产生影响的观念就更多了。比如说“星座”：对于不相信星座的人来说，这不过是一种迷信，也许还有人会用巴纳姆效应、自我证实偏见、自证预言等心理学知识来解释它；但对于相信星座的人来说，它就是让人们更加了解自我的捷径，也是能让人们提升自我的良方。不管星座知识本身是真是假，对这些人来说，星座的影响就是切切实实的。例如，星座会影响他们的恋爱观，当他们以星座为指引来解读自己的恋爱时，这种信念就会直接影响他们在恋爱中的决定——“我们不适合”或者“我们简直是天造地设的一对”。

社会学家称此为现实的社会建构。也就是说，人们在自己的解释中搭建和构造所谓的“现实”。彼得·伯格和托马斯·卢克曼有一部名著，叫《现实的社会建构》。他们在书中分析了人们是如何把“现实”领会为“理所当然的真实”的，他们强调了显而易见的“常识知识”其实不见得就是“真实的”和“客观的”。在跨文化考察中，这种观点得到了佐证。比如，在伊朗和阿拉伯地区，左手被视为不洁之物，用左手接拿东西是十分不礼貌的行为，对于一个来自中国或者西方的人来说，这种“常识”是令人震惊的。

实际上，名为“生活经验”或“默许规则”的东西存在于所有人

---

① 詹姆斯·M. 汉斯林，著. 林聚任，解玉喜等，译. 走进社会学. 北京：电子工业出版社，2016：115.

的观念中，并且根深蒂固，但你很难察觉到它们的影响。哈罗德·加芬克尔提出了“常人方法学”，用于研究这种日常互动中看不见的“背景设定”。他的方法就是蓄意破坏这些设定，从而让我们意识到它们的存在。蓄意破坏的最常用方式称为“技术性无礼”。

男士：嗨，你好！

陌生女士：你好。有什么事吗？

男士：你很美，我很喜欢你穿短裙的样子。

陌生女士：（面露疑惑）谢谢。我们认……（被打断）

男士：你吃过饭了吗？

陌生女士：（停顿）是的。

男士：你今天吃了什么？

陌生女士：（停顿）没吃什么，就随便吃了点。

男士：你有什么最爱吃的吗？我最爱披萨了！

陌生女士：（长停顿）没有。

男士：你叫什么名字？

陌生女士：（低头没有回答，走开了）

从这一段对话中，我们可以清楚地看到陌生人之间的对话应遵守怎样的“默许规则”，而这位男士明显打破了规则，从而令女士感到很不舒服。

再举一个例子来说明现实的社会建构。例如，假如你在游泳馆或者海滩会穿上泳装，即使泳装的暴露程度和内衣差不多，你也不觉得有什么难为情的，因为大家都是如此，你也自然地认为这里就是“穿泳装之地”。而仅仅50米以外的地方，比如，游泳馆外或者海滩边的公路上，你就觉得身着泳装是件难为情的事，因为那里是“穿戴整齐之地”。但这种定义并不是游泳馆和海滩天然就拥有的，而是人们赋予它们的，正是人的解释把游泳馆和海滩变为了可以“理所当然”地穿泳装的地方。进一步地说，“泳装”本身就是人为构建的衣服类型。我们的文化认为公共场合衣着暴露是不文明的，事实上民事法规条例中就明文禁止了此类行为。但是，“泳装”却成为了一种例外。我们在这里构建了一个“可以穿泳装但不能穿内衣乱走”的“社会现实”。如果我们再想一想“裸体海滩”的情形，这种现实建构就更好理解了。在希腊的“天堂海滩”，人们无所顾忌地、一丝不挂地散步或者晒日光浴。本来对大多数人来说，在公共场合全裸是难以置信的，人们会感到羞耻难耐，裸体游街是古代刑罚的一种。但是在“天堂海滩”，这是十分正常的现象，反而不愿意裸体的人被视为奇怪的、不入流的。其实，“天堂海滩”和普通的海滩一样，我们只不过在这里建构了一个“可以赤身裸体”的现实而已。

因此，“现实”在很大程度上取决于我们的定义，而我们的定义又反过来影响了我们的行为。这就是从社会到内心、再从内心回看社会的另一种视角。

综上所述，已经展示了社会学视野中的“人与社会”，相信你们已经对社会学家如何看待我们所生活的世界有了基本的了解。实际上，本章的标题就是对社会学视野的一个概括——见天地、见众生、见自我。见天地就是看到社会中最为宏观的层次，以“树”和“林”的比喻来说，“树”是我们自己，“林”是众生，而“天地”就是包含了土壤、湖川、气候、阳光等要素在内的生态系统。见众生就是认识到“他人”在我们的生命中充当了什么样的角色，而我们现在知道，社会学的视野几乎就等于众生的视野，人们的一切态度、行动和观念都是在众生之中获得的，单个人没有社会属性，也无以生存。见自我就是在天地、众生的观照下，知晓我们自己如何成了现在的模样，以及我们还可以成为什么样。

第四章

Chapter 4

社会学家在做什么——

社会学研究方法简述

社会学家们平时究竟在做些什么？为了解答这一问题，本章将介绍社会学家们是怎么开展研究的，即简要叙述社会学的研究方法。

前两章分别介绍了社会学的理论传统和基本观点，但理论研究并非社会学的全部，社会学家也并非整天坐在沙发上看书和思考，相反，大部分社会学家的大部分时间都是用在经验研究上的。经验研究就是走出书房到真实的社会天地中去体验、去观察、去分析经验现象。

本章的宗旨是呈现社会学经验研究的一个全局性的轮廓，而非提供一个社会学研究的指导教程，因此不会致力于阐述研究技术的细节（例如，资料编码的技巧、数据分析的统计模型等），而是会把着力点放在框架的搭建上。

社会学研究方法的框架主要由四个方面构成。

两大方法论：实证主义与人文主义。

两大研究类型：定量研究与定性研究。

四大基本研究方式：调查研究、实验研究、实地研究、文献研究。

七大研究过程：提出问题、建立假设、概念操作化、测量与抽样、资料收集、资料分析、总结与成文。

这四个方面互相对应、互相交叉，构成了社会学研究方法的主干。下文将对每个方面进行更详细的论述。

方法论的意义

方法论是开展研究的哲学基础和最高指导原则，它反映了研究者的世界观和本体论，反映了研究如何看待人与社会的关系。社会学（社会科学）研究的方法论主要有两类：实证主义方法论和人文主义方法论。

实证主义方法论

实证主义代表了模仿自然科学的社会学（社会科学）研究取向，它起源于孔德、奠基于涂尔干。长期以来，实证主义方法论都主导着社会学研究，它主张通过对经验现象的具体、客观、准确的观察来概括其因果关系。

一个实证主义的研究者会从一般性的因果关系开始，这个因果关系是他根据逻辑从一般性理论中所导出的一个可能存在的因果法则。他以合乎逻辑的方式把这个关系中的抽象概念与对社会的精细测量连接起来。研究者测量社会生活、检验证据和重复他人的研究时，要一直保持着无私、中立和客观的立场。从这些过程中对理论所概述的社会生活法则进行经验检验与证明[①]。

实证主义代表着社会科学的“科学”一面。由于近代以来自然科学一直占据着最高的学术地位，甚至已经成为了“科学”的代名词，因此，社会科学想要仿照自然科学建立自己的学科地位。实证主义的特点是采用统一的、复杂的、精确的定量技术，如问卷调查、实验、内容

---

① 劳伦斯·纽曼，著．郝大海，译．社会研究方法：定性和定量的取向．北京：中国人民大学出版社，2007：96.

分析等，同时强调研究过程的严谨和客观。这种“科学感”为它赢得了政府和机构的资金，也树立了专业的公共形象。然而，实证主义也有着局限。社会现象毕竟不同于自然现象，人并不像无机物、动植物那样只受到客观规律的影响，人还拥有主观意识，如果忽视了这一点，我们对社会的理解将不可能是完整的。

人文主义方法论

人文主义方法论弥补了实证主义的局限，它关注人的主观意识，在理论传统上可追溯至韦伯的理解社会学。韦伯主张社会科学要研究包含了主观意义的社会行动，要运用解释性理解的方法，去探究塑造个人内在情感以及指导个人以某种特定形式行动的个人动机。

人文主义研究者经常使用参与观察和实地研究的方法，这些方法要求研究者花费大量时间与被研究者进行直接的私人接触。研究者并不是从问卷和实验室中观察结果，而是从收集到的录音或录像中分析微妙的语言交流，并从情境中了解互动的细节。相比实证主义研究者从成千上万人身上筛选特定的量化信息，人文主义研究者可能仅对十几个人进行研究，但他们不是用几分钟或一两个小时让被研究者填写问卷，而是花上一年甚至十年的时间与被研究者一起生活，使用细致的方法来搜集详尽的、在日常生活中产生的定性资料，以便完整地理解这些人的所思所想，从而对相应的经验现象有更深入的认识①。

人文主义方法论和实证主义方法论在很多方面都针锋相对，这源于它们本体论出发点上的差异，人文主义代表了社会科学的“社会”一面。有趣的是，双方都认为对方的方法只适合于探索性研究，即不那么正式的初步研究。实证主义者认为人文主义适合发现事物间的相关性，但对于进一步的因果规律的把握还需要借助实证的方法。而人文主义者认为实证方法可以用来发现一些浅层的关联，但只有采用“理解”的

---

① 劳伦斯·纽曼，著．郝大海，译．社会研究方法：定性和定量的取向．北京：中国人民大学出版社，2007：98.

方法，才能知晓事物深层次的内在机制。

实际上，这两种方法论有着各自的优势和局限，分别适用于不同的研究目的，但对于单个研究者来说，由于能力、兴趣、经历等方面的限制，往往只侧重于其中一种。当你阅读一份社会研究时，知道有这两种方法论，将会对你有所帮助，因为研究者虽然常常依赖一种方法论，但是很少会告诉你他用的是哪一种。而若你看出他所用的方法论，便能更好地理解他为什么用这些方法来做这个研究，以及这个研究的优势和局限。

■ 研究类型：定量研究和定性研究

与两种方法论一脉相承的是社会学（社会科学）的两种研究类型，分别是定量研究和定性研究，前者对应实证主义方法论，后者对应人文主义方法论。这两种研究类型和两种方法论一起，都贯穿在下文将要介绍的研究方式、研究技术和研究过程之中。因此，对定量研究和定性研究的深入剖析要结合具体的研究方法和研究环节，这一点将在本章的后几节进行，本节主要介绍两种研究类型各具千秋的基本思想。

定量研究：社会现象的量化分析

定量研究秉承实证主义方法论，以自然科学的方法来研究社会现象，而自然科学方法的核心便是以数学的形式展现自然界的规律。近代科学之父伽利略曾经说过："大自然是用数学语言写成的书"。近代科学的一大象征——牛顿的成名作，便名为《自然哲学的数学原理》。社会学的定量研究正是继承了这一思想，试图用数学原理来解释纷繁复杂的社会现象。

社会学诞生于19世纪中叶，巧合的是，此时另一门新的科学正好步入成熟期，那就是统计学，即以搜集、整理、分析数据为基础，阐释自然现象和社会现象之内在规律的科学。这里有一段很有意思的小插曲，近代统计学之父——比利时的阿道夫·凯特勒（Adolphe Quetelet）将他改良后的统计学用于解释社会现象，并将这门新的学问称为"社会物理学"。此时，正在《实证哲学教程》中使用同样名称的孔德闻讯后勃然大怒，坚信凯特勒剽窃了他的思想，于是愤而将原先的"社会物理学"改名为"社会学"。如果没有凯特勒巧合的同名，恐怕现在就没有

“社会学”，而是多了一门“社会物理学”了。但这种“巧合”其实也是一种必然，孔德宣扬的实证社会学和凯特勒的社会物理学在思想层面可谓一枚硬币的正反面。实际上，继承了孔德的实证主义方法论和继承了凯特勒的统计学的定量研究，如今正是紧密地联合在了一起。

不过，凯特勒的统计学并不能很好地解释社会现象，他照搬自然科学的方法最终只能得出机械的、僵化的、庸俗的解释，原因是他认为平均数就是规律的体现。但是社会现象和自然现象不一样，例如，用一个温度计来测量一百杯冰水的温度，数值可能有高有低，但可以用平均数来近似地代表冰水的温度；再用一把尺子来测量一百个人的身高，数值依然有高有低，但不能用他们的平均数来代表他们的身高，或者说这个平均数并没有意义。冰水的温差是误差，因为存在一个不变的“冰水温度”，但人的身高差是差异，因为并不存在一个所谓的“人类身高”。以平均数来解释社会现象就会误入歧途，因为人与人的不同正是许多社会现象产生的原因。

社会学的定量研究建立在注重差异的社会统计学之上，弗朗西斯·高尔顿（Francis Galton）对此有着不可磨灭的贡献，他提出了从变异中寻找共变的思想。他著名的例子是关于父亲和儿子的身高的：假如父母高，那么子女也有着较高的身高，但子女不一定比父母更高；反过来也一样，假如父母矮，那么子女也有着较矮的身高，但子女不一定比父母更矮。他用这个思想来解释高个子家庭的后代为什么不会越来越高，而是最终维持在较高的水平，即上一代人如果非常高，那么下一代人极有可能会比他们矮，这就是“回归”的思想。换言之，你的身高确实取决于你的父母，但你究竟能有多高，是一种随机的结果。

当代定量社会学的佼佼者谢宇教授，提出了三个定量研究的基本原理，人称“谢三条”，对于理解定量研究的基本思想很有帮助。

变异性

这是第一个原理，其基本思想和上述高尔顿的共变思想是一致的。谢宇教授认为，社会科学就是要研究变异和差异。例如，男女之间的收入不一样，所以我们要研究性别，假如性别之间没有差异，那么性别就不会成为我们的研究对象了。同理，我们研究种族、家庭背景、教育、婚姻等，也是由于它们的差异导致了一些社会现象。社会科学研究的是差异而不是共性①。

社会分组

这是第二个原理，个体之间的差异千千万万，如果我们不将个体分为组，我们将不可能开展社会学研究。每个组都是基于某种共性而形成的，你可能会觉得这是不是与变异性原理冲突了，但实际上它们是一致的。假如女人没有共同性的话，那么就不可能有男和女的差异。我们分组是基于组员之间的共同性，更是基于分完组之后组与组之间具有差异性②。

分组的意义正是在于它能解释差异，如果分组让组内差异变得很小、让组间差异变得很大，那么这种分组就很有意义。例如，按照性别对人群的收入进行分类，发现男人、女人内部的收入差异比男女之间的收入差异明显要小，那么用性别来分组就是有意义的，同时，性别差异也就构成了收入差异的解释因素。但分组标准并不是唯一的，同样的这个人群，也可以按受教育程度来分类，可能发现受教育程度的差异同样能解释收入的差异。也可以在组内继续分组，例如，用受教育程度划分男人这一组，那么就会发现，用性别和受教育程度两个方面的差异来解释收入的差异，相比于单独用其中一种差异来解释，其效果更好。这个分组可以无限进行下去，直到把每个个体都归为一组，但这样一来，分组就失去了意义，因为分组的初衷就是为了简化对社会差异的分析。因此，分组的数目和解释的效力需要达致一种平衡。

社会情境

这是第三个原理，它是指群体变异性的模式会随着社会情境（也就是社会所处的时空）的变化而变化。例如，教育对收入有着积极的作

① 谢宇．社会学方法与定量研究．北京：社会科学文献出版社，2006：16.

② 谢宇．社会学方法与定量研究．北京：社会科学文献出版社，2006：16.

用，一般来说，学历高，收入就越高。但教育对收入的影响可能随着社会情境的变化而变化，比如，改革开放之前的中国和改革开放后的中国就不一样，中国和英国、中国和美国也不一样。有的经济学家认为，经济发展快的时候，教育的回报率就较高。因为这种社会中机会多，学历高、知识多、容易接受新事物，那么收入就更可能变高。这就是社会情境对于变异性模式的影响[①]。

“谢三条”给出了定量研究的基本思想，也阐明了统计学的数学模型为何能与社会研究结合在一起，因为“变异和分组”也是现代统计学的核心思想。有了这一认识之后，你再去看社会统计学的原理和应用，就会理解其思想的主旨了。

定性研究：人类行为的性质界定

定性研究是与社会事物的性质和特征有关的研究，通常包括对事物的性质、质量、特征、意义和趋势的评估、判断、再现和预测[②]。

从认识论上来说，定性研究有四个性质。

注重特殊主义的原则

定性研究及其方法的哲学、社会学理论源于韦伯的理解社会学、伽达默尔的诠释哲学、舒茨的现象学社会学和加芬克尔的常人方法学。这些理论虽然存在差异，但具有一个共同的观念，那就是认为人类行为和社会历史现象都是在特殊情境中形成的，因此，普遍主义的解释模式（寻找普适的规律）并不适用于社会科学。相反，社会科学需要结合特定的情境去理解和归纳行动的意义。

关注实践和意义

定性研究可以说是关于行动和意义的科学，对行动的研究主要从动

① 谢宇．社会学方法与定量研究．北京：社会科学文献出版社，2006：18.

② 陆益龙．定性社会研究方法．北京：商务印书馆，2011：25.

机和意义的角度出发，通过揭示实践行为的动机、意图及影响来类比、理解和预测相似社会行动和现象。

非量化、非标准化的取向

在方法和程序方面，定性研究倾向于以概念、术语等语言工具来归纳和概括现象，并陈述理论，而不用标准化的、对数量加以客观分析的程序。

归纳式的研究路径

定性研究通常不是沿着“假设—演绎”路线进行的，而是从开放的观察和访问开始，然后通过分类或分析来建立一般化的模式，由此形成概括化的理论①。

从认识论的四个性质出发，定性研究主要有五个特征。

第一，关注并联系行为和事件的社会背景。社会背景是各种行为和事件的载体，各种行为都在特定背景中产生，理解行为首先必须了解背景。

第二，偏重个案研究。既然行为和事件相对于社会背景来说都是特殊的，理解行为和事件的意义就需要具体到个案上，从个案研究中了解、认识同类行为和事件的性质、意义。

第三，重视理论基础。定性研究倾向于从实践中归纳和总结理论，要从具体的、特殊的现象归纳出理论，研究者必须具备相应先验性的理论知识。

第四，注重过程和结果。定性研究注重在互动实践中去理解人们的行动和社会现象，并关注行动或事件所产生的影响或意义。

第五，强调对意义的解释。与定量研究不同的是，定性研究并不追求发现事物内在的客观规律，而是强调对社会历史现象的特定意义的认识和理解，即从对具体行动或事件的综合考察中，去归纳和诠释关于某类行为或事件的意义，并由此解释人们是如何通过他们的特定行为，建

---

① 陆益龙．定性社会研究方法．北京：商务印书馆，2011：25.

构和维持相应的社会世界的[①]。

定性研究在社会科学中的应用十分广泛，它避开了定量研究对数据的依赖。而且，定性研究通常能更深入、全面地理解某类社会行为的意义。当然，它的局限就在于其强烈的主观色彩降低了研究的可重复性和客观性，同时它对于背景和个案的强调，使其研究结论难以推广到不同的人群和地区中。

① 陆益龙．定性社会研究方法．北京：商务印书馆，2011：26.

■研究方式

社会研究的基本方式主要分为四类：调查法、实验法、实地法和文献法。它们的主要特征体现于资料收集的过程，因此，本节内容实际上相当于下一节的“资料收集”。

调查研究

调查研究是最为常见的社会研究方式，它采用一套问卷来收集资料，或是让被研究者自己填写（自填式问卷），或是研究者来提问并记录答案（结构式访问），常见的形式有街头调查、家庭调查、网络调查、电话调查等。调查法所收集的资料，其可靠性和有效性主要取决于两个因素：问卷的设计和样本的代表性。

问卷设计

问卷的质量是调查研究的根基。由于调查研究不会控制情境性条件（如实验法那样），也不会花费很多时间去理解被研究者（如实地法那样），此外，面对的不是无反应性的资料（如文献法那样），而是活生生的人，因此，是否有一份既能满足研究者需要、又能促使被研究者提供真实而准确的信息的问卷，决定了调查研究的成败。

问卷由问题和答案两部分组成。问题的类型包括结构式问题、半结构式问题和开放式问题，其中，结构式问题就是选择题（有单选、多选、排序等形式），开放式问题就是论述题，半结构式问题则是结合了两者。由于调查研究的主要目的是收集可量化的资料，因而结构式问题往往占据最大比重，也因此，答案成了问卷的主要组成部分。答案需要满足穷尽性和互斥性，简单来说就是要让填写问卷的人有可选的答案，否则这就是一份失败的问卷。

问卷设计有三大原则：主题明确、逻辑清晰、从被调查者的角度出发①。前两点不必多说，最后一点值得强调。社会学的调查研究不同于企业的市场调查，也不同于网上的人气投票，它是学术取向的，这意味着研究者的计划中一定包含着许多专业术语和理论。然而，真正回答问题、填写问卷的被调查者，往往不是从事社会科学工作的人，甚至是受教育程度不高的普通人。因此，让问卷通俗易懂、简单明了是十分必要的。特别是对于自填式问卷来说，假如被调查者不能理解问卷的内容，那么再严谨专业的问卷都是没有意义的。在这一点上，结构式访问就优于自填式问卷，因为在填写问卷的过程中，访问者可以随时回答被访问者的疑问，以此最大程度地消除理解上的障碍。当然，这种方法对于访问者的素质要求较高，其花费的时间和精力也比自填式问卷要多得多，因而它的成本是所有研究方法中最高的。

但高成本带来高收益，在如今的调查研究中，高质量的研究很少来自于小规模、短篇幅的自填式问卷，而往往来自大规模的、长篇幅的入户结构式访问，如中国家庭追踪调查（CFPS）、中国综合社会调查（CGSS）、中国教育追踪调查（CEPS）、中国健康与养老追踪调查（CHARLS）等。这些调查都是全国性的、连续性的，从多个省区市中抽取调查对象，并每隔一段时间反复进行调查，每份问卷包含上百道问题，问卷的填写由受过专业训练的访问员进入调查对象的家中进行，一般需花费数个小时。这种大型调查成本高昂，金额动辄以千万计，但它们可以形成质量可靠、内容丰富的数据库，供大量研究者免费使用，其产生的效益是无法用金钱衡量的。

样本的代表性

样本的代表性是调查研究的保障，它指的是接受调查的人群能否代表一个总体。很多人误以为调查研究的关键是样本数量，认为样本数目

① 陈卫，刘金菊．社会研究方法概论．北京：清华大学出版社，2015：89.

越大，调查研究的效果就越好。实际上，和样本的结构比起来，样本的数量并不重要。例如，一项研究要考察中国大学生的课余时间安排，如果它只选取北大、清华的学生作为调查对象，那么即使它的样本数量达到两三万人，也是没有意义的。而如果它能使用合理的抽样方案，即使样本数量不足一万人，其代表性也会好得多。

抽样的思想可以用一个生活常识来说明。当你想要试一试一锅汤的咸淡时，你会把这锅汤搅匀，然后取一勺品尝，而不是把整锅汤都喝下去。这取出的一勺就是样本，而搅匀的过程就是抽样方案的设计。抽样分为等概率抽样和非概率抽样，前者占主导地位，品汤的比喻也更适用于前者。等概率抽样是指总体中每个样本被抽到的概率是一样的，其理论依据是概率论和统计学，基本思想是随机化，即“把汤搅匀”，这样无论从哪里“取一勺”都可以代表总体。

在实际调查中，尤其是大规模的调查，最常见的等概率抽样方法是结合了多阶段抽样的成比例抽样（PPS）。以中国家庭追踪调查（CFPS）为例。它的抽样分三个阶段进行：抽取行政区（县）、抽取行政村（居委会）和抽取家庭户。而在抽取区（县）和村（居委会）时，按照实际的群体规模赋予不同的抽取概率，使大的群体比小的群体更有可能被抽中。在最后一步抽取家庭时，则以同样的概率来抽取，由于个体在大的群体中被抽中的概率小于在小的群体中被抽中的概率，于是就和前两步的非等概率性抵消了，最后仍然是等概率抽样。这种方法符合社会现实情况，但操作难度较大，因此在大型调查中才会被使用。

实验研究

实验研究在社会学研究中还不是很常见，它主要应用于社会心理学的研究，不过，走出实验室的实地实验法正得到越来越多社会学家的关注，在未来很可能超越其他三类研究方式。实验法的特点是对情境条件进行一定的控制，使观察对象在特定的条件中行动，从而探索特定变量之间的因果关系。它是最符合实证主义方法论的研究方式，最接近自然科学对“科学”的定义。

由于情境条件得到高度控制，它可以直接观察和比较实验对象的行为变化（结构式观察）。实验法也会使用自填式问卷和结构式访问的方法来收集资料，但是它更常用的一种书面工具叫做“量表”。量表是一组历经实践检验的、具有权威性的问卷，它充分反映了追求可靠性、可重复性（信度）和有效性、准确性（效度）的“科学”思维。量表既是实验法的工具，也是实验法的结果，很多量表都是根据实验研究来制定的，然后又投入新的实验中。常见的量表有人格测试量表、职业兴趣量表、心理健康量表等。大家在网上常见的各种“小测试”，就是模仿量表的产物，只不过它们往往不具有信度和效度。

一般过程与例子

在大部分的实验研究中，研究者会将受试者分为两个或两个以上的小组，然后对这些小组给予相似的处理，但只有一个小组被施加了研究者感兴趣的条件：实验刺激。然后研究者精确地测量两个小组的反应。通过控制两个小组所面对的状况，并且比较没有接受实验刺激的控制组和接受了实验刺激的实验组之间的差异，研究者可以得出结论，即实验刺激究竟是不是造成差异的原因①。

罗伯特·博姆（Robert Bohm）曾做过一个实验，想了解公开表达观点是否会妨碍态度的转换。他先随机选取了一群学生，将他们分为两组，并让他们填写关于是否支持死刑的问卷，结果是两组学生都非常支持死刑。然后，他向其中一组（实验组）学生提供了有关反对死刑的详尽资料，数个月后，这组学生大大降低了他们对死刑的支持度，而另一组（控制组）学生则没有什么变化。此时，他开始了真正的实验。他让实验组的学生上关于死刑的课程，让控制组的学生上其他课程，他在课上让学生们公开发表自己对于死刑的意见。令人吃惊的是，先前实验组中所发生的态度变化完全消失了，即使他们握有充分的资料，并且在私底下转换了态度，他们在公开发表意见时仍然回到了过去的看法。

---

① 劳伦斯·纽曼，著．郝大海，译．社会研究方法：定性和定量的取向．北京：中国人民大学出版社，2007：46.

博姆的结论就是，公开发表意见会抑制人们的态度转换①。

和调查法一样，实验法也依赖问卷和样本的质量，但它更加依赖实验本身的精妙设计，许多有名的实验都让人不由得赞叹研究者的高超智慧。实验法的本质就是控制现象发生的情境，进而化繁为简，从纷繁复杂的社会现实中萃取出简洁明了的规律。它对于研究者的逻辑思维和设计能力有极高的要求，同时，在社会学领域中许多情境是难以进行控制的，这两点导致它在社会学中的应用并不广泛。然而，社会学家们并没有放弃这一方法，许多学者都探索在自然环境中进行社会实验的方法。可以说，它是最有潜力的研究方式。

实地研究

上述两种研究方式都属于定量研究的范畴，因为它们收集的资料最终都会转化为数学的形式，并以社会统计学的方法来分析。而实地研究和它们不同，是一种定性研究的方法。实地研究又名田野研究或民族志，是一种在“实地”展开的、深入研究对象的日常生活，与研究对象面对面交流甚至共同生活的研究方式。它的最大特点是主观性和灵活性。

主观性和灵活性

实地法不像调查法那样有客观的工具和程序，也不像实验法那样有精巧的事先设计，它是在真实的社会生活中进行观察、访谈、体验的一种研究方法。

实地研究难免带有研究者的主观色彩，研究者的视角、情感和经历也会成为研究的一部分，因此它并不像调查法那样强调客观和中立。相反，它注重对研究对象的“移情式理解”。最佳的定性研究，就是完全进入研究对象的意义系统，化身为研究对象，像理解自己的内心那样去理解研究对象，最后离开“实地”，回到局外人的研究者视角，将这份

① 劳伦斯·纽曼，著. 郝大海，译. 社会研究方法：定性和定量的取向. 北京：中国人民大学出版社，2007：46.

"移情式理解"的生活体验转化为"解释性理解"的学术语言。

实地研究也不像实验法那样能进行事先设计，因为真实的生活是无常的，研究者往往只有一个大致的计划，其具体的实施过程有很大的弹性和自由发挥的空间。实地研究者很少遵循固定的路线，而是需要根据实际情形随机应变，不断调整和改变方针以便更好地抓住机会、掌握机会。因此，这一方法十分考验研究者的洞察力、应变能力和组织能力。

一般过程和例子

大部分实地研究者都会选取一个特殊群体、一个村庄、一个工厂等小规模的事物作为研究对象，在一开始的时候往往只有一个不严谨的概念或主题。当设法进入所要研究的团体或者情境之后，他们就会选择扮演这个环境中的某个社会角色以便进行深入的观察。研究者在这个情境下和其他成员进行互动，有时长达数年。他们逐渐与被研究者熟识，有时会对其进行非正式的访谈。他们每天都会做好详细的记录。在此期间，他们会根据实际情况修改研究设想，不断地思考下一步要观察什么。最后，他们离开田野，整理和分析厚厚的记录，开始撰写研究报告①。

威廉·富特·怀特（William Foote Whyte）的《街角社会》被认为是实地研究的经典案例。1936 年，怀特来到了波士顿的一个意大利裔贫民区，希望研究那里的人如何互动和生活。他经人介绍认识了当地一个青年帮派的头领，在开诚布公地交谈后，这个名为多克的年轻人同意怀特作为"多克的朋友"进入这片社区，多克就这样成了怀特的"中间人"（实地研究中帮助研究者进入田野的关键人物，被称为"中间人"）。

在多克的帮助下，怀特得以参与和观察社区中的各种活动和人们之间的各种关系。怀特经常同帮派的青年人聚在一起，玩滚木球、打棒球、玩纸牌，也经常同他们一起谈论赌博、赛马、性以及其他的事情。他在这个社区生活了三年半，其中有一年半的时间是同一个意大利家庭住在一起的，还学会了说意大利语。在长期的观察中，怀特收集了丰富

---

① 劳伦斯·纽曼，著. 郝大海，译. 社会研究方法：定性和定量的取向. 北京：中国人民大学出版社，2007：50.

生动的资料，得出了有关群体结构与个体表现之间关系的一系列结论[①]。

和调查法相比，实地法最大的优点就是突破浅层的问卷互动，深入实地场景中观察和理解研究对象。它往往能采用生动、详实的案例来佐证研究者的观点，并对一些社会现象的内在机制进行入木三分的刻画。它当然也有缺点，最明显的就是它的资料较为琐碎和散乱，不像调查法和实验法那样简洁清晰。同时，由于它的主观性和灵活性，其研究结论难以推广到更大的总体上，且其他人也难以复制他们的研究。总之，实地研究能提供非凡的洞见，但在规范化、标准化、系统化等“科学”性上有所不足。实地研究和调查研究共同构成了社会研究方法的双璧，它们各自代表了定性研究和定量研究的理念和实践。

文献研究

和上述三类研究方式不同，文献研究的研究对象不是活生生的人，而是各种类型的文献。文献的含义十分广泛，不仅包括各种文字材料，还包括声音、图像和影视等。文献研究就是一种通过收集和分析现存的文字、数字、符号、画面等文献资料，来探讨和分析各种社会现象的研究方式[②]。

文献研究主要有四种类型：内容分析、二次分析、现存统计资料分析和历史文献分析。前三种方法的内在逻辑都是相似的，都属于定量研究，将文献资料处理成数学形式并进行统计分析。不同之处在于，内容分析的材料是报刊、杂志、电视、微博、网络社区等，它需要将文字、声像转化为数字再进行分析，这个过程叫做编码。二次分析则是利用其他研究者收集的原始数据进行的再次研究，如调查法中提到的大型数据库。现有统计资料分析和二次分析类似，只不过它所用的是国家和地方政府收集的数据，如人口普查数据、环保监测数据等。历史文献分析分为两类：一类是个人文献分析，所用的文献为书信、日记、自传、回忆录等，它相当于实地研究中的个案研究，只不过它是通过文献来理解他

① 风笑天．社会研究方法．4版．北京：中国人民大学出版社，2013：230.

② 风笑天．社会研究方法．4版．北京：中国人民大学出版社，2013：207.

人，而不是通过观察和互动；另一类是非个人文献分析，也称为历史文献分析，它使用所有形式的文献，凭借大量的详细描述来探究过去某段或某几段历史时期的社会文化模式。国内近几年来，随着历史社会学的流行，历史文献分析也被用得越来越多。

下面对不易直观理解的内容分析和历史文献分析进行举例说明。

内容分析

董金权和姚成对《现代家庭》上从 1986 至 2010 年所刊载的 6612 则征婚广告进行了内容分析，其编码和汇总的结果如表 4－1 所示。

表 4－1　征婚广告内容分析

时间段	1986—1992 年				1993—1999 年				2000—2010 年			
被提及的比例与排名	被提及的比例（%）		排名		被提及的比例（%）		排名		被提及的比例（%）		排名	
性别	男	女	男	女	男	女	男	女	男	女	男	女
年龄	73.6	75.9	2	1	66.1	69.8	2	2	52.9	70.4	2	2
性格品德	75.8	72.4	1	2	75.8	75.2	1	1	76.1	77.2	1	1
身高	37.4	53.2	7	3	32	43.3	6	3	23.2	32.6	6	3
婚姻状况	37.5	23.1	6	9	34.1	25.3	5	7	25.9	16.9	5	10
受教育程度	20.5	43.1	8	4	20.3	27.6	8	6	15.0	19.8	8	9
容貌	47.6	39.0	3	6	44.5	37.5	3	5	32.7	21.5	3	7
健康	39.7	43.0	4	5	37.3	38.8	4	4	28.4	32.6	4	3
职业	19.3	32.0	9	8	11.6	12.6	14	11	11.9	24.4	10	6
事业心	3.9	20.6	12	10	6.3	17.9	12	10	4.9	13.9	13	12
对感情重视程度	9.9	16.3	11	11	15.5	24.3	9	8	15.9	27.4	7	5
户口	39.5	33.4	15	7	25.9	21.9	7	9	14.8	21.1	9	8
爱好	3.8	4.3	13	14	1.3	2	14	14	2.9	3.0	14	14
住房	3.7	9.3	14	13	4.1	8.8	13	12	5.3	16.9	12	10
对子女的要求	12	11.3	12	12	6.9	2.5	11	13	8.4	7.4	11	13

由表可见，自20世纪80年代中期以来，青年择偶时始终最为关注对方的品德因素，且随着时代的演进，其关注度越来越高；年龄因素始终是位居第二位的因素，但出现淡化之势；容貌和身高仍被看重，但其关注度已无上升空间，吸引力有限；健康、对感情的忠诚度、住房三大因素发挥着越来越重要的作用；职业因素的影响力经历过一次滑坡之后被人们重新认识，关注度开始上升；学历、户籍两大因素由于与社会资源的关联度减弱，被关注的程度下降；事业心作为隐性潜能并未被征婚者所重视；兴趣爱好因素至少在通过征婚广告择偶的人群被忽略[①]。此外，男女在许多指标上都有所差异。例如，女性远比男性更看重身高，而男性远比女性更看重容貌，这一点在25年内都未有所改变。

历史文献分析

韦伯的“宗教社会学研究”[②] 是历史比较分析方法的典例，他研读了新教、犹太教、印度教、佛教、儒教、道教的教义和典籍，又设法获得了欧洲、印度、中国各历史时期的经济数据，此外还收集了一系列关于社会文化方面的详细资料。通过分析这些文献，他得出结论，虽然经济因素能够影响社会的很多方面，但经济因素并不能解释所有的事情，甚至经济本身可能被其他事物所解释。宗教制度就是其中之一，它不是经济状况的一种反映，而是社会行为的直接来源，并且间接地影响了经济制度。韦伯认为，新教的教义与资本主义的发展有着密切的联系。不仅如此，通过对犹太教以及中国和印度的宗教的详细历史分析，他说明了资本主义为什么没有在中国、印度以及以色列这些古国中发展起来：在这三国的宗教中，他没有发现任何支持资本积累及再投资的教义。

文献研究的最大优点在于无反应性，也就是说不需要担心研究者的介入改变研究对象的行为和态度，从而影响所收集的资料的真实性和可

---

① 董金权，姚成．择偶标准：二十五年的嬗变（1986—2010）——对6612则征婚广告的内容分析．中国青年研究，2011（2）：73－78.

② 马克斯·韦伯，著．康乐，简惠美，译．宗教社会学：宗教与世界．桂林：广西师范大学出版社，2011.

靠性。这一点在调查法、实验法、实地法中都难以避免，因为在人与人的互动中，双方势必会对彼此产生一些影响。而文献法的研究对象是物，因此得以避开了这一障碍。此外，文献研究可以分析无法接触到的研究对象，比如，过去的历史人物和事件，文献研究法成为唯一可行的途径。而文献研究最大的局限就是文献本身。它的研究质量在很大程度上取决于文献的质量，无论研究者多么精通文献研究的技巧，都不可能使用伪造的、粗陋的、偏颇的文献来做出高质量的研究。为便于理解记忆，表4－2列出了社会学主要研究方式及方法。

表4－2 社会学主要研究方式及方法①

研究方式	类　型	资料收集方法	资料分析方法	研究类型
调查研究	普遍调查 抽样调查	统计报表 自填式问卷 结构式访问	统计分析	定量
实验研究	实地试验 实验室实验	自填式问卷 结构式访问 结构式观察 量表测量	统计分析	定量
实地研究	参与观察 个案研究	无结构观察 无结构访问	定性分析	定性
文献研究	统计资料分析 二次分析 内容分析 历史文献分析	官方统计资料 他人原始资料 文字声像资料 历史文献	统计分析 定性分析	定量 定性

① 风笑天．社会研究方法，4版．北京：中国人民大学出版社，2013：9.

研究过程

上述的方法论、研究类型、研究方式都贯穿在研究过程的各个环节中。社会学的研究过程主要包括提出问题、建立假设、概念操作化、测量与抽样、资料收集、资料分析、总结与成文。这七个步骤起源于华莱士（Walter L. Wallace）著名的“科学环”思想①，如图4－1所示。

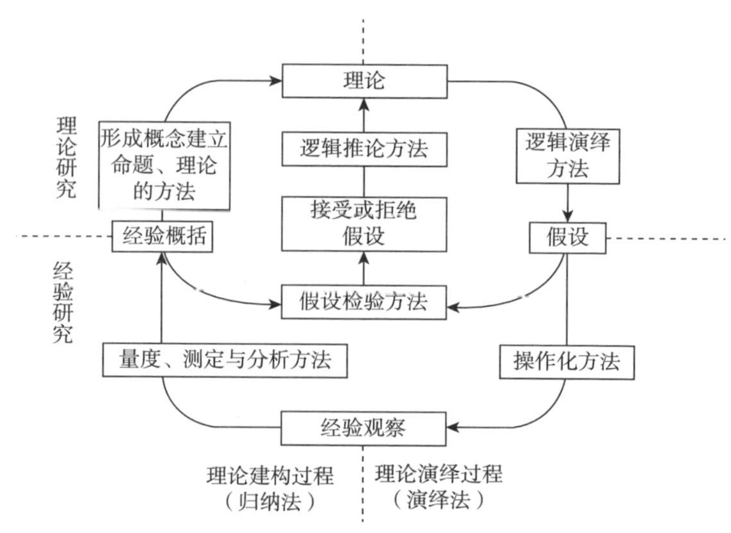

图4－1 社会学研究过程

“科学环”简洁地概括了社会学研究的基本形式，如果去掉“经验观察”这个环节，那么研究就成了纯理论的研究；如果去掉“理论”这个要素，那么研究就成了纯经验的研究。如果从经验观察上升到理论，那么这就是一个理论建构的归纳逻辑；如果从理论出发来观察经验

① Walter L. Wallace. *The Logic of Science in Sociology*. Aldine Atherton，1971：18.

现象，那么这就是一个理论演绎的演绎逻辑。而大部分社会研究实际上都是理论和经验、归纳和演绎的综合体。

“科学环”表明社会研究是一个从理论→假设→观察→概括（或检验）→新的理论周而复始、无限循环的过程。其特点在于没有开始也没有结束，研究工作可以从任何一点开始，具体的研究工作只是整个科学过程中的一部分，研究者的贡献只有汇集在一起才能推动科学的进步。

提出问题

一个好的题目是成功的一半，社会学直到今天已经有了浩如烟海的研究成果，这意味着要做出一项有新意的、有价值的研究绝非易事。一个研究问题的提出一般经历三个阶段：困惑（puzzle）、议题（issue）、问题（question）。

一般来说，一项研究都起始于一个单纯的困惑，研究者是在好奇心的驱使下一步步深入思考的。例如，你可能对当前许多年轻情侣选择同居而不是结婚这一现象感到好奇，你会疑惑他们为什么会这么做、有多少人这么做以及这是一些什么人。这种困惑正是研究问题最初的模样。

然后，由于各种各样的原因，你或许想要更严肃地探讨这个问题，于是你就去上网查资料，或者找认识的同居者做个小访问。这时候你可能把视角聚焦在“婚前同居”这个议题上，即那些有结婚意愿的同居者或者已经结婚了的“前同居者”。有了议题你就好像拿到了钥匙，可以进入与前人的对话中了。你会发现有很多学者已经对此做了形形色色的研究，你所要做的就是浏览这些研究，看看它们是否解答了你的困惑。

如果你对前人的研究并不满意，你决定更加深入地研究这个议题，而你恰好有着充足的时间、精力和资金，那么你就可以进一步把它转化为真正的研究问题了。你需要更加仔细地阅读这个议题下的文献，总结它们的价值和局限，并思考自己还能在此基础上做出怎样的改进。你也许需要做一些经验调查，也许是查阅数据库、也许是做几个初步的访谈、也许是发一些小规模的问卷，总之就是设法得到属于你自己的、直观的信息。有了文献回顾和经验调查的基础之后，再结合自己平时的学术训练、知识积累、理论兴趣，你就能提出更加明确的研究问题，如“人口流动、家庭变迁、性别平等对婚前同居的影响”。

整个过程就像“漏斗”一样，如图4－2所示。

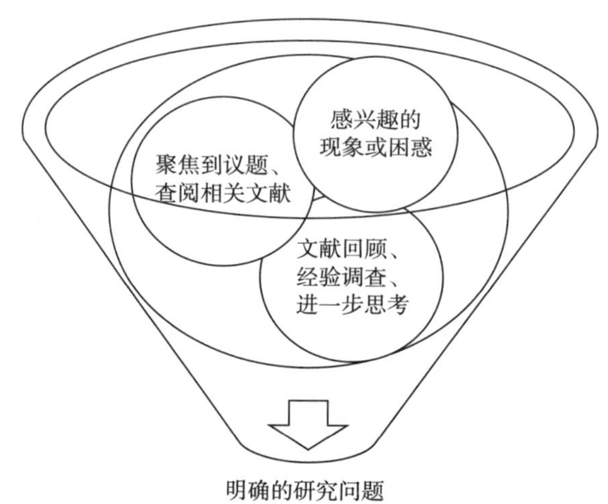

图4－2　“漏斗”一样的研究过程

建立假设

并非所有社会学研究都有建立假设的过程，探索性的和描述性的研究就不需要带着假设去研究，只有解释性的研究需要有一个理论的或经验的假设作为整个研究的出发点。但一般认为，探索性研究和描述性研究当然有着无可替代的意义，但解释性研究是更能体现社会学价值的研究类型。

解释性研究的一个基本目标是挖掘因果关联，即把某种发现的社会现象作为“果”，如上文所说的“婚前同居”现象，去探索它发生的原因。那么，这个研究的任务就变成了去发现一个社会现象和另一个或另几个社会现象之间的因果联系。社会中很多现象都是相互关联的，但并不是所有关联都有因果性。找到有意义的关联，不仅需要可靠的数据或者详实的资料，还需要扎实的理论积累和敏锐的“社会学的想象力”①。

以上文所说的“人口流动、家庭变迁、性别平等对婚前同居的影响”为例，这里其实就包含了三个研究假设，即人口流动、家庭变迁和性别平等分别可能是婚前同居的“原因”。可见，对于解释性研究来说，提出问题和建立假设往往是结合在一起的。

概念操作化

做社会学研究和写文学作品是不一样的，后者有着极其灵活和丰富的语言使用空间，但是社会学研究却必须使用大家所认可的“概念”来组织文章的论述。概念是一些用来概括某一事实或现象的、被学术界广泛接受的、内涵清晰的词汇，如“人口流动”“后现代主义”“核心家庭”“市场经济”等。这些词汇反映了知识的积累性和建设性，既代表了这门学科的特色，也提供了这门学科进步的基础，因为这些词汇的共同使用让学者们得以互相沟通、互相促进。

然而，概念本身是高度概括性的，在一个具体的研究中，必须根据实际的研究需要，将其具体化、操作化为可以进行计算或者观察的指标。例如，“性别平等”这个概念是抽象的，我们将其转化为“男女收入差距缩小”“男女受教育水平相仿”“男女工作机会平等”，就变得具体了。值得注意的是，从概念操作化开始，定量研究和定性研究的区分就比较明显了。

定量研究的概念操作化

在定量研究中，概念的操作化是为了测量到精确的定量信息。一个很好的定量研究的概念操作化的例子是风笑天对武汉市居民生活质量问题的研究。他将“生活质量”这个高度抽象的概念转化为了一系列具体的指标，并做进一步细化，下面仅列出“工作与职业”这一项的细

① 张静．社会学论文写作指南．上海：上海人民出版社，2008：54.

化，如图 4 -3 所示①。

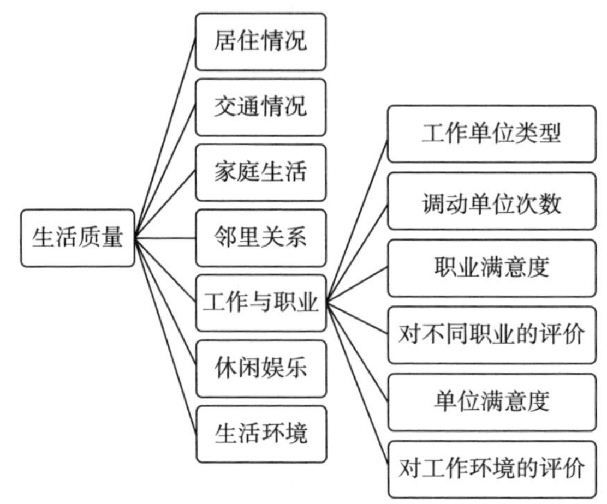

图 4 -3　“生活质量”中“工作与职业”的细化

定性研究的概念操作化

定性研究和定量研究有所不同。首先，它所采取的概念会在研究过程中不断调整，形成更加符合实际的、清晰的概念定义。在此过程中，研究者的操作化往往是伴随着“概念化”而进行的，研究者并不需要将概念转化为可以量化的指标，而是通过对资料进行特定的观察和思考，进而整理出关于如何发展工作设想的一套描述。范塔莎（Fantasia）对企业引导性研究中“团结文化”这个概念的操作化可以作为一个例子，如图 4 -4 所示。范塔莎发现，在团结文化已经形成的地方，激进的劳动行为更可能发生②。

测量与抽样

测量与抽样是“研究准备”的最后阶段，完成了这个步骤，就有

① 风笑天．社会研究方法．4 版．北京：中国人民大学出版社，2013：91.

② 劳伦斯·纽曼，著．郝大海，译．社会研究方法：定性和定量的取向．北京：中国人民大学出版社，2007：226.

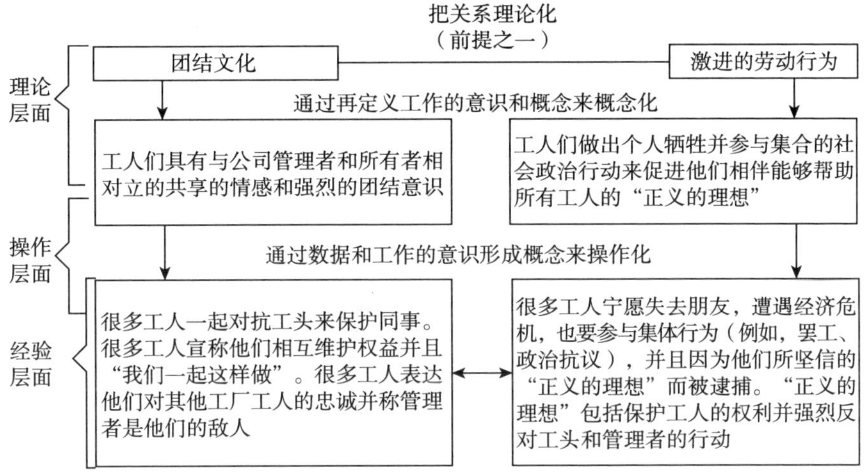

图 4－4　团结文化与激进的劳动行为关系

了可以实际应用的研究工具和明确的研究对象，从而万事俱备、只待实践了。

广义的“测量”包含了上述的概念操作化，指的是将研究中所用的概念、命题、理论从抽象层次下降到具象层次的过程。而这里所说的是狭义的“测量”，指的是将事物的特征用数字或符号表示出来的过程。测量方案解决的是研究工具的问题，我们将经过操作化的概念进一步转化为具体的问题，它可以是结构式的问卷、访谈提纲、实验设计，也可以是非结构式的观察指南、访谈提要等。在设计测量方案时，要注意测量的四个层次。

定类测量

定类测量用于测量定类变量，它在本质上是一种分类体系。对于某些特质，只能在名义的程度上对其进行区分，如性别一般分为男和女，而这两者之间既没有数量关系，也没有等级之分，只有是和否的关系。定类测量在数学上的表达是等于和不等于，是最低级别的运算层次。

然而，尽管它的级别最低，它在社会学中却是最常见的测量层次，许多社会事物都只能以定类的形式来测量，如职业、学科、宗教信仰、政党、国体、户籍等。因此，对于定类变量的数学分析在很大程度上是由社会科学所推动的。

定序测量

定序测量用于测量定序变量，它在本质上是一种等级体系。事物的某些属性可以放入一个等级序列之中，例如，大学教师的职称分为助教、讲师、副教授、教授，这四个职称是从低级到高级的关系。定序测量在数学上的表达是大于或小于，它比定类测量高一个级别。

社会生活中本就存在很多的定序变量，如学历分为小学、初中、高中、大学等，再如军官分为尉官、校官、将官三等，其中每一等又分为上中下三级（中国的校官还有高于上校的大校这个级别）。但社会研究中常用的定序变量往往是另一种类型，即人为界定的态度等级，如工作环境满意度可分为非常不满意、不满意、一般、满意、非常满意，对建立核电站的态度可分为非常不支持、支持、中立、不支持、非常不支持。这类测量是为了更好地把握研究对象的真实态度，如果只分为不满意和满意、不支持和支持，那么就无法区分出研究对象的满意程度和支持程度了，而为了更好地达到这个目的，有时研究者也把等级分为七个序列，如增加比较满意和比较不满意。

定距测量

定距测量用于测量定距变量，它在本质上是一种累计体系。它可以确定社会事物之间的距离和数量上的差别，如人的年龄就是定距变量。它在数学上的表达是加减运算，比定类和定序的等级都要高。

定距测量的最大特征是单位性，即事物的数量差别是带有特定单位的，单位的存在让它们能够被累计（累加、累减）。举个例子，14 岁比 13 岁大一岁，15 岁比 14 岁大一岁，这里的“岁”就是单位，它保证了 14 岁和 13 岁的差别与 15 岁和 14 岁的差别是一样的。定序测量就不具备这个特点，你不能说初中和小学的差别与高中和初中的差别是一样的，你也不能说不满意和一般的差别与满意和一般的差别是一样的，因为这中间没有单位，你无法将它们做加减运算。

定距测量在社会研究中有着举足轻重的地位，因为它具有数学意义上的可计算性，因此，能够进行复杂的统计操作。大部分常用的社会统计模型都是建立在定距测量的基础上的。

定比测量

定比测量用于测量定比变量，它在本质上是一种比例体系。它可以确定社会事物之间的比例关系，在数学上的表达是乘除运算，是最高等级的测量层次。

实际上，大部分定距变量都是定比变量，唯一的不同在于，定比变量拥有实际意义的零点。例如，工资收入、年龄、人口等都是定比变量，零收入代表没有收入，零岁代表没有年龄，零人代表没有人口。如果小张的月收入是 3 000 元，小明月收入 6 000 元，那么我们可以说小明的月收入高了小张一倍。但有些变量的零点没有实际意义，如摄氏度和华氏度所测量出的温度，零度并不是表示没有温度，而只是为了测量的方便，人为指定了某种状态下的温度为零度。因此，我们不能说 24 摄氏度比 12 摄氏度热一倍。这就是定比测量和定距测量的区别。

掌握了测量的四个层次，就能根据实际的研究主题设计相应的研究工具了。下一步就是明确研究的对象，因为我们往往不可能对所有的研究对象进行研究，而是只能从中抽出具有代表性的一些样本进行研究，这个过程就是抽样。在“调查研究”中，已经部分论述了抽样，但实际上，抽样不仅存在于调查法、实验法等定量研究中，也存在于实地法、文献法等定性研究中。

定量研究的抽样

定量研究的目的是以样本的分析结果来推论总体的情况，因此，最常使用的是等概率抽样方法。关于这一抽样方法，可参见上文“调查研究”部分。

定性研究的抽样

定性研究的目的是为了获得详实的资料，从而深入理解研究对象，因而需要有目的地选择那些能提供大量研究信息的知情人。因此，它不采用随机的等概率抽样，而是使用目的抽样。具体的方法有滚雪球抽样、立意抽样、方便抽样等。它的一般特点是边收集资料、边分析、边抽样，如果信息出现饱和，即不能再增加新的有用的信息时，就停止抽样。

资料收集

资料收集和资料分析属于“研究准备”之后的“研究实施”阶段。资料收集部分大体上相当于四大研究方式，可参见“研究方式”中的相关内容。

资料分析

当我们历经艰辛得到了想要的资料后，下一步就是展开对资料的分析了。和上述许多过程一样，需要把资料分析分为定量资料的分析和定性资料的分析。

定量资料的分析

定量研究的资料分析主要是统计分析，具体又分为描述统计和推论统计两部分。前者用来概括数据资料的基本信息，主要使用的方法为集中趋势分析（均值、众数、中位数等）和离散趋势分析（四分位差、方差、极差等）。描述统计一般用于探索性研究和描述性研究之中。而解释性研究主要使用推论统计，它的目的是用样本的信息来推断总体的情况，主要包括估计和检验两种路径。

“估计”指的是利用统计方法和样本信息去估算真实总体的情况，也称为区间估计，主要有两种形式。第一种是单变量情况下的总体参数值估计。参数值一般指的是均值或百分比[①]，可以利用样本的均值或百

---

① 一般来说，均值对应定距和定比层次的变量，百分比对应定类和定序层次的变量。

分比，通过合适的数学公式，来估算总体均值或百分比的置信区间，也就是参数值有一定的把握[1]落在某个数量范围内。第二种是多变量情况下，利用样本信息建立统计模型，然后将想要预测的条件输入模型中，就可以得到预测的结果。

“检验”指的是利用统计方法和样本信息来检验一些假设能否被总体所接受，也按照单变量和多变量分为两种形式。第一种是对总体参数值的假设检验。例如，样本均值为 X，总体的旧均值为 Y，我们可以检验这个 X 能否成为新的总体均值，这就是总体参数检验。第二种是对统计模型所用的自变量究竟能否解释因变量进行检验。例如，前面提到的“人口流动、家庭变迁、性别平等对婚前同居的影响”，收集完资料、建立好统计模型后，就能分析人口流动或者家庭变迁究竟对婚前同居有没有影响，这就是所谓的显著性检验。

不同的研究在测量层次（变量类型）、样本规模、变量数量等方面都有很大不同，因此，它们所采用的统计模型也是五花八门，常用的有回归模型、结构方程模型、事件史分析等。

定性资料的分析

定性资料具有来源的多样性、形式的无规范性、不同阶段的变异性等特征[2]。定性分析和统计分析不同，它没有固定的模式，而是有着很强的主观创造性。

定性资料分析的过程通常包括初步浏览、阅读编码、分析抽象三个阶段[3]。

首先是对研究目的和收集到的资料进行详述，这是进一步分析的基础。定性研究的资料分析可以是和资料收集同时进行的。分析观察和访谈得到的资料时，可以按时间、主要事件、环境、人等顺序进行。

---

① 这个把握程度是人为指定的，一般为 90%、95%、99%，也称为置信度，它会被包含在计算置信区间的公式里面。

② 风笑天．社会研究方法．4 版．北京：中国人民大学出版社，2013：284.

③ 风笑天．社会研究方法．4 版．北京：中国人民大学出版社，2013：295.

在描述的同时对资料进行编码和分类，然后对资料作出因果性或相关性的解释。分析时，可以是单独分析每个案例，也可以多个案例交叉进行，以得出不同的人对同一问题的看法。

解释的过程也是一个从具体的经验现象上升到抽象的概念和理论的过程，如果是带着假设所做的定性理论，那么这就是一个检验假设的过程；如果是不带假设的定性研究，如扎根研究，那么这就是一个提炼概念、形成新理论的过程。

定性资料分析的目的主要是将大量的、特定的细节组织成一幅清晰的图画、一个流畅的故事、一种概括性的模式。它很少像定量资料分析那样试图证明某种普适的规律，而是力图去提出某种理解性的模型和解释。此外，定性资料分析还可以说明一种社会过程的阶段性特征，这种暂时的顺序是规律的基础，因而对因果关系的探讨也有很大贡献①。

总结与成文

总结与成文是一个研究的最后环节，也就是将自己的研究过程和研究结果公之于众的过程。社会研究作为一种科学工作，其最终目的是为全人类的知识和利益服务，因而，研究者应当以易于理解的形式向学术界、大众群体展示自己所做的研究。这种形式一般以“研究报告”为主。

研究报告以文字或图表的形式将研究者的所思所想有组织地、系统地记录下来，让相关领域的研究者、政策制定者甚至是广大普通民众深入认识这一研究问题的本质，形成科学客观的观点②。

研究报告是研究者灵魂的书面呈现，是整个研究的收尾工作，也是整个研究中极其重要的部分。即使一个研究很有价值，若不能很好地以研究报告的形式呈现出来，那么它也注定会被埋没。

① 风笑天. 社会研究方法. 4 版. 北京：中国人民大学出版社，2013：286.

② 陈卫，刘金菊. 社会研究方法概论. 北京：清华大学出版社，2015：321.

第五章

Chapter 5

社会学与中国社会——

社会学的应用

至此，前面分别介绍了社会学的基本含义、基本理论、基本观点和基本方法，已经构成了一个完整的社会学入门体系。即使你从未接触过社会学，看完了前面四章之后，你也能知道“社会学是什么”或者说“什么是社会学”了。但你也许还会问，“社会学究竟有什么用呢?”除了提供一种思考社会问题的思维方式、一种发现社会规律的研究方法之外，它又对社会发展做出了什么实际贡献呢?

社会学作为一门基础学科，“实用性”并不是它的全部宗旨，大部分社会学研究虽然缘起于真实的、具体的社会现象，但它们的研究结论更多的是一种抽象层次的、知识层面的贡献，这部分社会学研究也被称为学术性研究。另一部分社会学研究则是对策性研究，它们是社会学家和政府、企业等机构相合作的产物，主要用于社会政策的规划、社会问题的解决、社会局势的预测。乍看之下，学术性研究囿于象牙塔之内，对策性研究似乎才是“有用”的社会学，然而，“巧妇难为无米之炊”，对策性研究离不开学术性研究。对策性研究有很强的时效性和实用性，因此容易被认为“有用”，而学术性研究的“有用”之处往往无法在短期内得到验证，但这并不代表它们“无用”，许多看似“无用”的学术性研究，恰恰是对策性研究的基石。

不过，虽然社会学研究分为学术性研究和对策性研究，但社会学家却很少分为这两类人，除了专司思辨色彩浓烈的纯理论研究者，从事经验研究的社会学家往往既专注于生产理论知识，也致力于提出解决方案。因此，本章将立足于中国社会，以几位有代表性的社会学家为例，展现社会学是如何应用于解读社会、服务社会的。

■ 费孝通：乡土中国的城镇化道路

费孝通（1910—2005）先生是当代中国社会学与人类学的奠基人。他不仅一生著述甚丰，为社会学和人类学的发展做出了享誉全球的贡献，而且一辈子都在探索中国的富强之路，他所提出的小城镇发展模式，成为中国“控制大城市规模，合理发展中等城市，积极发展小城镇”之基本政策的理论基础。尽管随着时代的变迁，费老的一些观点受到了挑战，但他的许多理论依然在帮助我们深入理解中国社会，而他立足于中国现实开展社会学研究的学术传统，更成为当代中国社会学家效仿的榜样。

《江村经济》

《江村经济》是1937年费孝通在英国留学期间写作的博士论文，它建立在费孝通对于家乡——江苏省吴江开弦弓村——实地调查的基础上，后来以英文形式于1939年出版成书。此书以小见大，以一村的历史和现状为例，阐述了中国农民“消费、生产、分配和交换”的经济生活，并从中探讨中国基层社会的结构和变迁，进而为中国的当代发展出路提供启示。

《江村经济》的主要内容可以概括如下：中国传统经济结构并不是一种纯粹的农业经济，而是一种“农工混合的乡土经济”，也就是农业、农副业、手工业等经济形式的混合体。换言之，中国农民单靠农业生产是不足以维持最低生活水准的，更不可能养得起整个地主阶级并支撑繁荣的城市消费经济。一旦乡土工业崩溃，中国社会的各种潜在矛盾必然不可收拾。近代中国的根本问题正是乡土工业的崩溃，而乡土工业的崩溃则是因为西方工业扩张进入中国使乡土工业无力与之竞争。乡土工业的崩溃进而使得土地制度陷入危机，农民和地主的矛盾空前激化。由此，解决中国问题最紧迫而必须的第一步是土改、减租、平均地权。但更重要的是，恢复发展乡土工业，使之能从传统落后的乡村手工业转化为乡土性的现代工业。但这一乡村工业的改造转化并不仅仅是一个单纯的技术改进问题，更是一个“社会重组”的过程。这个过程不能照搬西方的工业化方式，而应建立在农民们的合作之上，否则只会让经济发展的成果集中在少数资产者手里[1][2]。

费孝通年轻时期的这些洞见都为后来的历史实践所证明，新中国成立后的土改政策基本符合费孝通的理论，而几十年来的三农政策也借鉴了费老的智慧。

《乡土中国》

《乡土中国》于1948年出版，是费孝通在20世纪40年代所写的书。该书篇幅极小，叙述甚简，却提出了许多振聋发聩的新颖概念。它没有太多社会学、人类学的专业理论，且文笔优美、讲理明晰、平易近人，影响深远。

费孝通自己认为：“《乡土中国》这本小册子和我所写的《江村经济》《禄村农田》等调查报告性质不同。它不是一个具体社会的描写，而是从具体社会里提炼出的一些概念。这里讲的乡土中国，并不是具体的中国社会的素描，而是包含在具体的中国基层传统社会里的一种特有的体系，支配着社会生活的各个方面[3]。”

差序格局

差序格局是《乡土中国》中最为著名的概念。费孝通认为，中国社会关系的结构是以“己”为中心，根据亲属关系的亲疏不断推衍出

---

① 费孝通．江村经济．南京：江苏人民出版社，1986．

② 甘阳．《江村经济》再认识．读书，1994（10）：52－59．

③ 费孝通．乡土中国：生育制度．北京：北京大学出版社，1998：4．

去的同心圆[①]。这种“差序”格局与西方社会的“团体”格局形成鲜明对比，如果说后者是一捆一捆扎清楚的柴，那么前者就像把一块石头丢在水面上所发生的一圈圈推出去的波纹。每个人都是他社会影响所推出去的圈子的中心[②]。费孝通说：“儒家文化最考究的是人伦，伦是什么呢？我的解释就是从自己推出去的和自己发生社会关系的那一群人里所发生的一轮轮波纹的差序[③]。”

礼俗社会

礼俗社会是费孝通在《乡土中国》中描述中国基层“乡土本色”的概念。中国的基层社会是一个熟人社会，大家世世代代生于斯长于斯，被土地牢牢地联系在一起。在一个熟悉的社会中，我们会得到随心所欲而不逾规矩的自由。这和法律所保障的自由不同。规矩不是法律，规矩是“习”出来的礼俗。从俗即是从心。换一句话说，社会和个人在这里通了家[④]。

费孝通在此书中还提出了无讼、无为政治、长老政治、男女有别、血缘和地缘等概括性很高又十分接地气的概念。《乡土中国》是费老学术传统中重视中国文化的一面，也是他提出一系列富民政策、发展建议的理论基石。结合《江村经济》的思想，费老认为，既然人心是有差序的，那么社会改革的首要任务就是由外来的知识分子进行制度建设。他设想，只要有人带领将乡土工业安置在农村里，有着守土心理的农民，就会自然而然走进工厂劳动起来[⑤]。

小城镇大战略

经历了“反右”和“文革”的动荡，社会学于改革开放之后被重

---

① 费孝通．乡土中国：生育制度．北京：北京大学出版社，1998：27.

② 刘世定．《乡土中国》与“乡土”世界．北京大学学报（哲学社会科学版），2007，44（5）：121－130.

③ 费孝通．乡土中国：生育制度．北京：北京大学出版社，1998：26.

④ 刘世定．《乡土中国》与“乡土”世界．北京大学学报（哲学社会科学版），2007，44（5）：121－130.

⑤ 王铭铭，杨清媚．费孝通与《乡土中国》．中南民族大学学报（人文社会科学版），2010，30（4）：1－6.

新恢复名誉，费孝通先生得以重新开展研究。他在《江村经济》和《乡土中国》的基础上，继续调查中国基层社会，提出了“小城镇、大战略”的中国特色城市化道路。费老于20世纪80年代初先后写作了“小城镇大问题”“小城镇再探索”“小城镇苏北初探”和“小城镇新开拓”四篇重要的文章，后来编成《小城镇四记》一书①。

费孝通认为，中国是农业社会、农民大国，在走向工业化、城市化的现代化道路中，应当以小城镇为主、大中城市为辅，积极发展乡镇企业。西方发达国家随着城市化进程的加快，出现了人口向大城市集中的现象。集中程度超出城市负荷后带来了一系列难以解决的问题，人称“大城市病”。事实证明，大城市模式不利于广大民众安居乐业，况且这种模式与我国国情也很难接得拢。费孝通经过实地考察，发现当时苏南一带的乡镇企业已经发展起来了，办工业不同于搞农业，工业生产需要能源、运输、市场、仓储等条件。要寻求农村里交通便利、易于集散的中心地带，很自然地就向小城镇集中。人流、物流增加，带动了小城镇的发展。这样的事实给他很大启发，促使他发展了“乡镇集体企业”的“苏南模式”。此外，“温州模式”则是一种“个体私营企业”模式。温州农民大批到外地去打零工、卖手艺，如做木匠、做裁缝、修鞋、弹棉花等。这些人省吃俭用，把在外地挣得的钱寄回家乡积累起来，作为后来在温州一带发展家庭工厂的启动资金，然后通过广大的运销网络出售家庭作坊的产品，形成了“小商品、大市场”②。

费孝通的小城镇发展战略在中国社会主义现代化建设中有着重要的意义。发展乡镇企业，把小城镇建设成人口“蓄水库”，是改变农村面貌、实现四个现代化，逐渐缩小城乡差别、工农差别的必由之路。开展和加强对小城镇的研究，总结小城镇建设进程中的历史经验，探求其发展规律，为党和政府的决策提供科学依据，可以说是充分体现了社会学经世济民的抱负③。

---

① 费孝通．小城镇四记．北京：新华出版社，1985.

② 宋林飞．费孝通小城镇研究的方法与理论．南京大学学报（哲学·人文科学·社会科学），2000（5）：11－18.

③ 刘豪兴．费孝通社会学学术思想述评．中国社会科学，1988（3）：153－168.

从“务实”到“务虚”

随着时代变迁，费孝通注意到了小城镇战略的一些缺陷。他在20世纪90年代重访苏南时注意到了几个新现象：一个是乡镇企业有变成“小国营”的趋向，一个是城镇的基础设施建设滞后，还有一个就是“民工潮”开始初步涌现，“离土不离乡”开始变成“离土又离乡”了。后面两个现象对费孝通形成了更大的冲击，使他觉得他过去的研究“只吃了小城镇这颗核桃的肉，而丢了核桃的壳”，只想着小城镇如何能发展乡镇企业而富民，却很少去想人们住在小城镇是否舒适。这个经验研究中的反思导致他展开了对自己社会学研究方法的反思，他说自己的“缺点是见社会不见人”①。

也正是基于这一点，费孝通在晚年从“志在富民”转向了“文化自觉”，从“务实”的实践导向转向了“务虚”的理论导向，从对经济、工业、城镇化的讨论转向了对心态、文化的关注。费孝通在生命最后十年内，对曾经的调查、实践和政策建议开展了漫长而严谨的反思，其中包括对一些早期思想认识的一百八十度转变。例如，早年以“差序格局”论证中国人的自我和自私，晚年则认为这是中国人“推己及人”的基础。再如早年认为“宋明理学”等传统文化是中华民族的知识牢狱，晚年则认为这是中国文化的集大成者。但是，费孝通晚年的反思并不是对过去成果的否定，而恰恰是一种“社会科学”的实践结果。他从重视西方现代社会到重视中国传统文化，是文化上的自觉，是对“人”与“心”在经济发展和社会稳定中不可忽视之作用的肯定②。

---

① 周飞舟．从“志在富民”到“文化自觉”：费孝通先生晚年的思想转向．社会，2017，37(4)：143-187.

② 周飞舟．从“志在富民”到“文化自觉”：费孝通先生晚年的思想转向．社会，2017，37(4)：143-187.

■ 周晓虹：社会转型与中国体验

周晓虹（1957—）教授是南京大学社会学院的前任院长（2001—2017），也是当代中国社会学的领袖级学者，在社会心理学、文化社会学等领域都颇有建树。周晓虹于2001年回国后到南大任教，从那时起他就致力于社会学的中国化。他不仅将西方社会学的理论应用于中国的经验现实，而且立足于中国国情，发展出属于中国的社会学体系①。可以说，以周晓虹等人为代表的南京大学社会学系，与早年以吴文藻、费孝通等人为代表的燕京大学社会学系，都走在同一条学术大道上——社会学之大者，为国为民。

周晓虹可谓继承了费孝通晚年的志趣，多年来始终以中国人的文化、心态和价值观为最主要的研究内容，其研究主题可概括为对中国人在社会转型的大背景下所发生的社会心态之嬗变的考察。

周晓虹认为，"社会心态"尽管是一个复杂、抽象、众说纷纭的概念，但它本质上就是指"社会的心理"，也就是把社会当作一个实体，而不是大量个体的集合；社会心态不是"受社会影响的个体心理"，而是具有国民性、历史性的集体意识和群体认同②。这一定义充分反映了"社会学"的特点，与心理学对个体内在的关注形成了鲜明的差别。同时，这也说明了社会心态受到两个社会性因素的影响：文化与价值观。

在一百多年的时间里，中国社会先后经历了三次大的转型，一是清王朝的覆灭和中华民国的建立，二是中华人民共和国的成立，三是改革开放的推行，这三个转型都给中国社会带来了翻天覆地的变化。可以粗

---

① 周晓虹．社会学与中国研究．南京：南京大学出版社，2011.

② 李培林，李强，马戎．社会学与中国社会．北京：社会科学文献出版社，2008：438.

略地将第一个阶段视为近代，第二个阶段视为现代，第三个阶段视为当代。因此，我们便可以将中国人社会心态的嬗变也分为三个阶段。

近代的嬗变：帝国的落幕、西方的冲击、民众的觉醒

传统的中国“文化与价值观”是围绕孝道伦理而运行的，以“孝”为核心的家庭伦理形成了家国同构的社会组织结构和泛孝主义政治伦理。孝道伦理的纲常化、等级化、社会化形成了夫权、父权、族权和君权的自下而上的控制，实现了社会的秩序和稳定。这种文化和价值观导致了重私德轻公德、重人情关系轻规则制度的传统社会心态①。

这一传统心态的嬗变，始于鸦片战争以来西方列强的冲击，中国的帝国时代逐步走向了落幕，其间历经甲午战争、戊戌变法、辛亥革命、五四运动，中国民众一步步在历史剧变中觉醒，摆脱传统伦理秩序的束缚，迎接现代文化和价值观。

周晓虹认为，这一时期的心态嬗变：从思想观念上来说，是从臣民心理到国民心理；从社会风俗上来说，是从孝道、三纲五常到个人自由、男女平等；从生活方式上来说，是从黜奢崇俭到消费实践②。总之，这一时期的社会心态体现为西方文化体系对中国传统文化体系的冲击，是一种被迫发生的反应式变迁。

现代的嬗变：新中国的崛起、马克思主义和毛泽东思想、国家集体主义

新中国成立后，内忧外患、百废待兴的现实情况促使人民形成了高度团结的集体主义价值观。在文化方面，此时既不是传统文化、也不是西方文化占据着社会主流，而是马克思主义和毛泽东思想。这一时期的

① 周晓虹等．中国体验——全球化、社会转型与中国人社会心态的嬗变．北京：社会科学文献出版社，2017：25－26.

② 周晓虹等．中国体验——全球化、社会转型与中国人社会心态的嬗变．北京：社会科学文献出版社，2017：28－35.

社会心态可概括为两个关键词：同一和亢奋。

新中国的社会体制是一种民主集中的高度整合模式，新中国取得了一系列举世瞩目的成就，逐渐形成了万众一心式的同一性社会心态。与此同时，土地改革、社会主义改造等一系列的成就，坚定了中国广大群众对党和政府的信任之情，鼓舞了建设国家的奋斗热情。人们对马克思主义思想的正确性有了更加科学的认识，这些都极大地调动了全民参与社会主义建设的积极性。

在1949年到1978年的近30年间，各式各样的制度性变革和广泛的社会运动，在相当的程度上左右了中国人民的期望与选择，既对中国人的价值观和社会行为的改变产生了诸多积极的影响，也造成了许多极其严重的消极后果[①]，其中之一便是堪称十年浩劫的“文化大革命”。周晓虹认为，这段时期内，随着国家成为唯一的利益主体，国家的利益取代了个人、家庭和家族的利益，以国家利益为核心的集体主义价值观开始主导人们的行为。这种集体主义片面强调集体的至上性和绝对性，严重忽视个人的存在，不能满足个人的正当需求，最终必然迫使个人去关心自己，脱离集体去谋求自己的发展，使得集体主义的社会心态最终也只能徒具其表[②]。

当代的嬗变：改革开放与中国体验

40年的改革开放所带来的中国社会之变化，可谓几千年之未有，近年来，中国的经济、政治、文化等各个领域都相继进入了转型深水区。面对这一当代中国最大的社会背景，周晓虹在“中国经验”的基础上提出了“中国体验”的概念，前者指的是这段时期内中国物质层面的成就与变革，后者指的就是中国人在精神层面的心态嬗变。

---

① 周晓虹．中国人社会心态六十年变迁及发展趋势．河北学刊，2009，29（5）：1－6.

② 周晓虹．转型时代的社会心态与中国体验——兼与《社会心态：转型社会的社会心理研究》一文商榷．社会学研究，2014（4）：1－23.

“中国体验”的轨迹

周晓虹认为，“中国体验”可以分为六个阶段。

（1）传统价值观的断裂。“伤痕文学”是青年一代表达对整个中国社会现实的反思和批判。这种方式不仅唤起了整个民族对这段历史的深刻反思，而且借助经济改革和对外开放的力量，直接酿就了足以导致传统价值观和社会心态发生断裂的巨大震颤。

（2）价值观的空白。与传统的断裂相伴而生的，是失去旧的“偶像”之后又未能找到新的人生目标的状态，直接导致了一代人的迷惘感和失落感。

（3）现代价值观和社会心态的萌生。“改革”盘活了国内经济，“开放”带来了全球意识。在改革开放的带领下，相当多的中国人，尤其是年轻人萌生了富有现代气息的价值观和社会心态，开始主动介入而非被动地依附于经济生活和社会事务。

（4）20 世纪 80 年代末 90 年代初是顿挫期。随着改革的深入，许多深层次的矛盾不断暴露出来，诸多新事物泥沙俱下，它们既可能使一群人兴奋，也可能使另一群人不满。

（5）20 世纪 90 年代为复苏期。以邓小平 1992 年的“南巡讲话”为标志，市场经济的大潮已成定势，中国人的价值观和社会心态的嬗变重新进入复苏阶段，一个与市场经济相适应的新的价值体系和社会心态开始孕育而生。

（6）20 世纪 90 年代末至今为发展期。邓小平逝世，但中国人的社会心态没有出现大起大落，领袖人物的交替并没有使社会发生动荡，改革开放依然在稳步进行，社会转型也越来越深化①。

“中国体验”的特征

周晓虹认为，“中国体验”的最大特征就是当代中国人常常感到自己“生活在两个世界中”，周晓虹因此将当代中国人称为“边际

① 李培林，李强，马戎．社会学与中国社会．社会科学文献出版社，2008：458－461．

人”。“边际人”的产生源于我国的社会转型既是从传统向现代的转型，也是中国与全球化趋势的交融。“边际人”表现为人格的二元特征和社会心态的两极化，中国人精神世界的嬗变从五个方面体现了这种“二元特征”①。

（1）传统与现代的颉颃。传统与现代这一对主题，已经缠绕了中国人一百多年。近现代时期的中国，将传统和现代视为绝对对立的两极，为了“恭迎”现代而彻底抛弃传统。但是，在今天的中国，传统与现代虽然仍然有发生冲突的可能，但在许多情况下却是能够共存共生的。

（2）理想与现实的落差。改革开放取得的巨大进步让人们充满理想，但随着人们对生活产生不同的要求，现实又显得“众口难调”。当然，经过三十多年的嬗变，中国人已不再固执于某一个极端，既不会因屈从现实而放弃理想，也不会因固守理想而无视现实。

（3）城市与农村的对峙。在中国，由于城乡分治多年，加之城乡之间的差别一直十分巨大，由此形成了两种不同的人格模式，即都市人格和乡村人格。但这种区分并不仅仅体现在市民和农民身上，实际上也体现在所有人之中。有的市民可能在行为方式上更“乡村”一些，而有的农民在行为方式上却可能更“城市”一些，这都取决于当地的社会经济发展状况。

（4）东方与西方的冲突。西方文化与价值观是个人主义的，而东方文化与价值观是关系主义、集体主义的，这种冲突自鸦片战争以来就持续不断。但在改革开放时代的中国，我们力求在集体和个人之间寻求新的平衡。一方面市场经济和全球化要求我们必须尊重个人自由，另一方面中国文化、社会主义制度又要求我们保留集体主义②。

（5）积极和消极的共存。改革开放既带来了物质生活和经济成就上的突飞猛进，也带来了拜金主义、享乐主义、极端个人主义等价值危

① 周晓虹，等．中国体验——全球化、社会转型与中国人社会心态的嬗变．北京：社会科学文献出版社，2017：9－10.

② 周晓虹．中国人社会心态六十年变迁及发展趋势．河北学刊，2009，29（5）：1－6.

机。变迁的迅速，既可能造就中国人积极能动的社会心态，当然也会孕育焦虑、浮躁和夸耀的社会心态。这本身也是社会转型的必然结果。[①]

“中国体验”的趋势

周晓虹在展望21世纪之时，又提出了“中国体验”的趋势一说。

（1）经过三十年的改革开放，中国人的价值观和社会心态变得越来越理智而成熟，社会心理承受力将会进一步提高。

（2）经过三十年的改革开放，中国人的价值观和社会心态变得越来越开放和多元，对各种外来文化和其他亚文化的接受能力也不断提高。

（3）经过三十年的改革开放，中国人的价值观与社会心态变得越来越主动和积极，随着中国经济的不断增长、中国在世界上的地位不断提高，对国家的未来也越来越充满信心。

（4）经过三十年的改革开放，尤其是随着中国一步步融入全球经济之中，中国人的价值观和社会心态变得越来越具有世界意识，精神生活中的全球化特征日渐明显[②]。

在2017年出版的《中国体验——全球化、社会转型与中国人社会心态的嬗变》一书中，周晓虹从幸福感、消费、人际关系、信任、网络、代际关系、情爱、性观念、阶级意识、集体行动、公民意识等方面阐述了转型期中国人社会心态的嬗变。周晓虹认为，“中国体验”作为改革开放这场史无前例的大变迁的“中国经验”的另一面，对于我们完整认识这个独特时代的历史意义和文化价值来说，是不可或缺的。

---

① 周晓虹等．中国体验——全球化、社会转型与中国人社会心态的嬗变．北京：社会科学文献出版社，2017：13.

② 周晓虹．中国人社会心态六十年变迁及发展趋势．河北学刊，2009，29（5）：1－6.

■ 杨庆堃：中国社会中的宗教

杨庆堃（1911—1999）先生毕业于燕京大学社会学系，他继承了燕京学派的优良传统——尽毕生之力研究中国社会。他与费孝通是同辈人，费孝通先生早年求学于英国，杨庆堃先生则留学于美国，先后在岭南大学、香港中文大学和美国匹兹堡大学任教。1979 年改革开放之初，费孝通立志重振中国社会学，此时身在美国的杨庆堃，以著名海外华人学者的身份筹措资金、调集师资，全力与费孝通共建中国社会学[①]。

杨庆堃先生早年研究中国的乡土社会，花了大量的时间深入考察新中国成立前后乡村生活的变化，后来则致力于宗教社会学的研究，并写下了传世之作——《中国社会中的宗教》。此前仅有国外汉学家对中国的宗教体系有所研究，如高延、葛兰言等人，而国内的学者要么不承认中国社会存在真正的宗教，如梁启超、胡适等人，要么仅仅从哲学或文化的角度看待中国的宗教传统。杨庆堃结合当时社会学的主流理论——结构功能主义，利用多年实地调查中国乡村、城市的经验材料和大量详实的历史文献资料，以社会学的视角展开了对中国社会的宗教研究。其成果影响深远，一举改变了中外学者对中国宗教的看法，至今都在引领着宗教社会学家对中国宗教的研究。

中国有无宗教

儒家文化对中国传统有着根深蒂固的影响，儒家不重视宗教，“子

① 孙庆忠．杨庆堃的社会学研究及对中国社会学发展的贡献．河北学刊，2012，32（6）：111－116.

不语怪力乱神”“未知生、焉知死”“敬鬼神而远之”等圣贤之言耳熟能详。儒家文化使中国传统思想带有强烈的理性主义、不可知论的色彩。

直至近代，梁启超提出：“孔子思想全在理性方面，专从现在现实着想，与宗教原质全不相同。”胡适更是认为：“中国是个没有宗教的国家，中华民族是个不迷信宗教的进步民族。”杨庆堃认为，这种认识实际上是受到了“宗教”这个西方概念的误导，中国历史上固然不存在基督教、犹太教那样的“宗教”，但这并不等于中国社会没有宗教。如果接受了这一套“中国无宗教论”，那么就等于承认广泛存在于中国社会中的各种祭拜和立祠行为都是迷信，而这也恰恰是西方宗教学者对中国的判断。

杨庆堃对此表达了不同的意见，“在中国广袤的土地上，几乎每个角落都有寺院、祠堂、神坛和拜佛的地方。寺院、神坛散落于各处，比比皆是，表明宗教在中国社会强大的、无所不在的影响力，它们是一个社会现实的象征”，他认为，“低估宗教在中国社会中的地位，实际上是有悖于历史事实的①。”

在杨庆堃眼里，宗教的最大特质是“超自然”。他说：“超自然因素在我们的宗教定义中是一个非常重要的因素，因为它明显地存在于中国人的宗教生活中。对宗教典型的中国式论述，是将超自然因素作为中心对象、区别宗教与非宗教的标准②。”正是通过强调宗教的超自然因素，从而否定了“中国是个没有宗教的国家，中华民族是个不迷信宗教的民族”这一被西方学者认定并从新文化运动以来被多数中国知识分子所接受的观点。将中国社会中存在的各种“超自然”信仰现象整合为一体，从而引起中外学者对中国宗教研究的重新思考③。

杨庆堃进一步提出，只有使用和西方“宗教”不同的范式和概念，才能真正认识中国社会中的宗教现象。

---

① 杨庆堃．中国社会中的宗教．上海：上海人民出版社，2007：24.

② 杨庆堃．中国社会中的宗教．上海：上海人民出版社，2007：20.

③ 刘大为．“分散性”还是“总体性”：总体性社会中的宗教形态——从涂尔干的宗教起源分析谈起．广西师范大学学报（哲学社会科学版），2016，52（4）：145－151.

独立宗教和混合宗教

独立宗教（Institutional Religion）和混合宗教（Diffused Religion）这一对概念便是杨庆堃所提出的研究中国宗教的新范式。

由于杨庆堃的原书用英文写作而成，而他自己几乎没有用中文澄清过自己的这对概念，国内在翻译和介绍这对概念时，往往把前者称为“制度性宗教”，将其解释为“一种独立自在的宗教，具备了特有的宇宙观、崇拜仪式及专业化的神职人员，如佛教和道教”，或者“一种独立于世俗社会和文化，有自己的神学、仪式和组织体系的信仰形式”①。而对于后者的翻译则不尽相同，有分散性宗教、扩散性宗教、弥漫性宗教、弥散性宗教等多种称谓，“分、扩”的特点是假设有一个中心，像墨水滴入清水一般，“弥”的特点是无处不在、没有中心，像雾气弥漫于空中那般，这两种观点一直争论不休②。但双方都赞同后者的核心含义：拥有神学理论、崇拜对象及信仰者，但它紧密地渗透在一种或多种世俗生活与制度之中，如家族制度和帝国社会政治网络之中，从而作为世俗生活与制度的观念、仪式和结构的一部分而发挥功能。

其实，从上述的讨论中可以看到，所谓的“制度性宗教”，其特点便是“独立自在”，而所谓的“分散性宗教”或“弥漫性宗教”，其特点是“渗透和混合”。因此，更加合适的翻译应当是“独立宗教”和“混合宗教”。这一点也为杨庆堃为数不多的中文著作所证实，在他与刘创楚合写的《中国社会从不变到巨变》中，就将这一对概念翻译为独立宗教和混合宗教。

独立宗教是指拥有神学或宇宙和人事的一套独立的解释系统，拥有独特的象征和崇拜仪式，并且有一个独立的人事组织去促成神学观点的

① 范丽珠，李向平，周越，陈进国，郑筱筠．对话民间信仰与弥散性宗教．世界宗教文化，2013（6）：31－39.

② Weller，范丽珠，陈纳，Madsen，郑筱筠，刘芳．制度性宗教VS分散性宗教——关于杨庆堃《中国社会中的宗教》的讨论．世界宗教文化2010，2010（5）：40－46.

阐释和祭祀活动的进行的宗教[1]。如果细读《中国社会中的宗教》一书，就可以发现，前面似乎没有争议的“制度性宗教”这一称谓，也是有问题的。独立宗教并不只是包含基督教、佛教、道教等“制度化”的官方宗教，而且也包含风水、专业化的巫术与泛灵信仰，如黑巫术、占卜等。因此，许多国内学者将独立宗教和官方宗教并立、将混合宗教和民间宗教并立的做法，显然不符合杨庆堃的原意[2][3][4]。

混合宗教实际上是指本身没有独立的理论、组织、成员，而依附在世俗社会结构上面，成为世俗结构的一部分。例如，在家中拜土地、灶君、祭祖，是依附于家庭制度；在外拜华佗，是依附于医疗制度；拜财神，是依附于经济制度；拜鲁班，是依附于职业制度……而皇帝的祭天大典，也属于混合宗教，它依附于帝国制度，同时因为皇帝是天子，祭天也是祭祖，依附于家庭制度，这也是中国“家国同构”的体现。将混合宗教与民间宗教、祖先崇拜等宗教概念相等同，实在是混淆了杨庆堃的用意。杨庆堃的本意，是希望以混合宗教来概括中国特有的宗教现象：“所以中国社会差不多每一部门的社会生活，都带有宗教的气味。中国社会似乎满眼是鬼神。一村一镇，进去必可见到庙宇庵堂。中国人用很大的力气于崇拜，这是事实[5]。”

混合宗教的功能

杨庆堃是以结构功能理论为基础的，他在区分独立宗教和混合宗教时，一方面以它们在社会中的结构位置为依托，另一方面也以它们在社会中如何发挥功能、发挥了怎样的功能为依据。独立宗教与西方的宗教

---

① 孙庆忠．论杨庆堃先生的中国宗教观．中山大学学报（社会科学版）41，No. 4（2001）：69－74.

② 李华伟．论杨庆堃对“民间信仰”与“弥散型宗教”的研究：贡献、问题与超越．宗教人类学，2015.

③ 金泽．民间信仰的聚散现象初探．文史哲，2006，146（1）：7－9.

④ 胡安宁．民间宗教的社会学人类学研究：回顾与前瞻．中国农业大学学报（社会科学版），2012，29（1）：61－72.

⑤ 刘创楚，杨庆堃．中国社会从不变到巨变．香港：香港中文大学出版社，1989：76.

概念大体相似，其功能已经得到充分论述，而混合宗教作为中国宗教的象征，其功能尚未被辨明。

首先，杨庆堃从家庭、社会和经济团体、社区的层面来阐述混合宗教的功能。在家庭中举行的祖先崇拜、丧礼仪式、祭祀仪式等强化和维持了血缘关系。在家庭之外的社会、经济团体与社区中，宗教信仰的介入有助于减少成员之间因个体的、功利主义的利益而产生的冲突，并通过强调团体的神圣象征符号将成员的意识提升到集体层面，提供一个可以超越经济利益、阶级地位和社会背景的集体象征，以便为形成民众对社区的凝聚力创造条件①。

其次，杨庆堃又从政治层面分析了混合宗教的功能。中国的政治制度，受天命影响极深，没有天命，中国的政治将失去秩序。政治秩序可分为两个部分：一是理性化的部分，如科举制度；二是非理性的部分，即对皇权的合法化。皇帝的位置不是通过科举竞争而来的，那么它为什么能让众人接受呢？这就需要天命论的帮助了，是天叫他做皇帝，皇帝是天之子，其他人起来反对便是逆天而行。当然，皇帝自身也受到天的限制，因为天要他做一个好皇帝，倘若他违反了这一限制，其他人的造反便是顺应天命。混合宗教对地方政治也有着同样的功能。在兵荒马乱之年，道德沦丧，社会失去秩序，此时，一些挺身而出的英雄人物为人们带来了心理慰藉，成为人们的精神支柱。他们死后，人们为其立祠，不仅仅是为了纪念这个人，而且是为了纪念他所代表的道德、公义和牺牲精神。关帝庙、岳王庙就是这一类型的代表②。

此外，从宗教的功能角度来说，儒家学说也有着宗教的一面。儒家信仰天命，宽容卜筮，与阴阳五行理论密切相关，强调祭祀和祖先崇拜是实行社会控制的基本手段，在灵魂问题上也不抱有彻底的无神论态度。更重要的是，儒家思想是中国传统社会的道德源泉，为社会和政治制度提供生存和发展的伦理力量。当然，正是因为儒家思想的强大道德功能，中国宗教的独立性才在很大程度上被削弱了。

---

① 陈彬．杨庆堃的宗教社会学理论述评．宗教学研究，2009（2）：164－168.

② 刘创楚，杨庆堃．中国社会从不变到巨变．香港：香港中文大学出版社，1989：77.

中国宗教研究与社会学本土化

杨庆堃的研究对我们理解中国文化有很大的帮助。他从众多的历史和人类学的资料，特别是地方志中发掘了详细而客观的证据，证明了宗教的仪式和信仰是怎样成为中国社会必不可少的一部分，宗教和社会各方面是如何相互影响、互为支撑的，同时证明了宗教传统是怎样构成了个人以及社会道德的基础[①]。

更重要的是，杨庆堃的宗教思想虽承袭了西方社会学的理论和方法，却少于概念的演绎和推理，而是将本土之经验放置在特定的历史背景下加以考察。其研究不是对中国宗教系统的整体描述，但对地方志文献的寻捡，对庙宇石碑文字的探查，却加深了对现存宗教的结构与功能的理解。他对宗教的阐释始终立足于真实生活，从个体家庭到地方社会，从祭祀庆典到民众心理，无不根基于生活实践的土壤，也因此获得了不同地域的民俗信息，洞悉了地方神祇的现实影响。就此而言，他的研究在具有历史深度的同时，也拥有了现实生活的广度[②]。

杨庆堃先生不满西方学界以不适合中国的理论来解读中国宗教，于是凭借扎实的研究功力开辟了属于中国的宗教范式，与此同时又与西方的主流理论主动对话，既不全盘照搬西方的理论，也不全盘排斥西方的理论，可谓社会学本土化的典范。

---

① 金耀基，范丽珠．研究中国宗教的社会学范式：杨庆堃眼中的中国社会宗教．社会，2007，27（1）：1－13.

② 孙庆忠．论杨庆堃先生的中国宗教观．中山大学学报（社会科学版），2001，41（4）：69－74.

■风笑天：独生子女与中国社会

前述三位学者都是定性研究的专家，而本节所要介绍的则是国内首屈一指的定量研究代表人物——风笑天（1954—）教授。风笑天现为南京大学社会学系特聘教授，是国内学识卓越、德高望重的社会学家之一。

本章之所以只介绍这么一位定量研究者，并不是因为定量研究的价值不如定性研究，而是由于介绍上的难度不同。定性研究更贴近现实生活，研究过程更像讲故事，研究结论更加直观，因此介绍起来更加平易近人，即使没有接触过社会学的读者，也能大致理解研究者的想法。然而，定量研究则较为“拒人千里”，有一整套抽象、互相关联、严谨的专业术语体系，而且近十几年来，其所用的方法越来越新奇、复杂、充满争议，这个领域也变得越来越排斥外行和普通人，因此，对定量研究的通俗介绍就较为困难。之所以选择风笑天教授作为代表，除了他是重要的定量研究引进者和推广者这一原因之外，还因为风教授的研究大多较为朴实、易于理解，而不像国内近十几年来一些定量研究者那样追求方法技术上的华丽、深奥和标新立异。

风笑天是人口社会学、家庭社会学、青年研究等领域的领军级学者，他与周晓虹等人共同开创了南京大学社会学系“面向中国”的学术传统，一生都致力于中国社会各种议题的研究，包括独生子女问题、生育意愿问题、青年婚姻与家庭问题、养老问题、移民问题等[①]。此外，风教授还结合自身的实践，编写了《社会研究：设计与写作》《社会学研究方法》《现代社会调查方法》等广受认可的教材，为推动国内

① 可参见风笑天的论文集《社会的印记》，由中国社会科学出版社2012年出版。

社会学的专业化、规范化做出了重要贡献。

在风笑天丰富的研究成果中，他对于独生子女问题的研究最负盛名，本节将重点介绍风笑天在该领域的研究状况。独生子女政策是我国1980年确立、2016年终止的一段特殊时期内的政策，是计划生育基本国策的一部分。虽然独生子女政策已成为历史，而且仅仅施行了36年，但它带来的影响是巨大的。如果考虑到社会化、职业生涯、教育问题、婚姻和家庭、赡养老人等问题，那么独生子女政策的辐射范围几乎遍及社会的每个角落，其影响至少还会持续100年的时间。

独生子女的研究大致可分为三个阶段：20世纪80年代，学术界对独生子女的关注主要集中在个性心理、教育问题等方面；90年代则重视独生子女的社会化问题；而从2000年开始，随着第一代独生子女开始成家立业，他们的婚姻家庭、社会适应、养老等问题逐渐成为焦点①。风笑天的研究贯穿并引领了这三个阶段。

独生子女：是不是“问题儿童”和“小皇帝”

风笑天最初关注独生子女问题是在20世纪80年代初，当时独生子女还是新鲜事物，大量国内外学者援引美国20世纪初对独生子女的研究，认为独生子女与传统的非独生子女相比，具有挑食、任性、娇气、自私、不关心他人、生活自理能力差等诸多缺点，是被家长溺爱的“小皇帝”，也是才德皆有缺陷的“问题儿童”。因此，许多专家都对中国的未来表示忧虑。

1988年调查反驳“问题儿童”论

风笑天对此表示了质疑，他于1988年对湖北省五个市的1 300多名小学生的家长进行了问卷调查，让家长们对自己的孩子进行评价②。在

① 肖富群，风笑天．我国独生子女研究30年：两种视角及其局限．中州学刊，2010（4）：45－52.

② 风笑天．父母眼里的独生子女．社会，1991（7）：27－29.

关于“问题儿童”这个问题上，评价内容分为两个方面。一是十个性格特点：听话—任性、勇敢—胆小、活泼—呆板、娇气—不娇气、合群—孤僻、勤劳—懒惰、懂礼貌—不懂礼貌、无主见—有主见、团结友爱—蛮横霸道、不能干—能干；二是四个满意度：对子女的学习、对子女的性格习惯、对子女的思想品德、对子女的身体健康。

对回收的问卷进行数据整理和统计分析之后，风笑天发现独生子女并不比非独生子女“差劲”。首先，在性格特点上，仅有三个方面显示了统计意义上显著的差异①。独生子女稍稍要活泼一些，非独生子女则要勇敢和能干一些，但考虑到独生子女多为低年级学生，而非独生子女多为高年级学生（因为 20 世纪 80 年代初独生子女政策才开始普及），这些差异似乎更多的是年龄的影响，而不是“独”和“非独”的关系。在满意度上，性格习惯和身体健康两个方面没有显著区别，在学习和思想品德两个方面独生子女显著优于非独生子女，这可能是由于独生子女的家长在每个孩子的教育上所花费的平均时间更多的关系。

本次调查初步证明了家长眼里的独生子女并不比非独生子女差劲，反驳了“问题儿童”的消极看法。

1988 年调查反驳“小皇帝”论

“小皇帝”的说法来源于 1985 年美国的一篇名为《一大群小皇帝》的文章，后来国内的报刊将其翻译并传播开来，最有名的就是 1986 年《中国作家》上刊登的《中国的“小皇帝”》，从此，“独生子女是被惯坏了的小皇帝”的说法就流行开来。那么，独生子女究竟是否比非独生子女得到更多的溺爱呢?

由于和上文同属一个研究，因而所用的样本是一致的，只是相应的问卷上的问题发生了变化。风笑天从四个方面来考察家长是否溺爱孩子：是否注意培养孩子的生活自理能力、是否注意培养孩子的劳动习

---

① 所谓的统计意义上的显著差异，是指对数据进行统计学的计算后，发现所要比较的对象之间存在显著差异。风笑天在此运用的是最常见的卡方检验法，适合比较对象为两个、数据结构较为简单的情况。需要注意的是，统计意义不一定代表现实意义，统计结果也不一定反映为现实中的真理，这是任何定量研究都存在的局限。

惯、是否对孩子过分迁就、是否在物质上对孩子尽量满足[①]。

统计分析的结果表明，在同样的年龄条件下（在定量研究中可以称为控制年龄因素），独生子女家长和非独子女家长都重视培养孩子的生活自理能力，而在劳动习惯方面，独生子女仅在洗碗一项上不如非独子女，但这主要是因为独生子女家长比较忙，而让孩子洗碗不仅洗得不好而且还常常会弄脏衣服。控制家庭收入因素之后，在迁就孩子方面和物质上满足孩子方面，独生子女家长和非独生子女家长没有显著区别。

因此，经过了科学的调查和严谨的统计分析之后，“独生子女都是小皇帝”的说法就不攻自破了。“小皇帝”固然存在，但那是家长的抚养方式的问题，而与是否为独生子女没有太大关系。

风笑天在1988年调查的基础上写成了《独生子女：他们的家庭、教育和未来》一书，是独生子女研究中极具开创性的专业著作，为此后该领域的研究奠定了基础。

独生子女的社会化

研究独生子女的社会化其实就是研究独生子女的成长过程与非独生子女是否有所不同，如果有，又该如何看待和解释。

1996年调查

风笑天在1988年调查的基础上，再次对湖北省五市进行调查，但这次调查的对象是中学生，样本数量为593个。

风笑天从四个方面来描述青少年的社会化：自我意识、生活技能、生活目标和价值观念[②]。

自我意识又分为四个部分：个性品质、心理感受、成人感觉、自我评价。在共计23项问题中，没有一项显示出独生子女和非独生子女有

① 风笑天．偏见与现实：独生子女教育问题的调查与分析．社会学研究，1993（1）：93－99.

② 郝玉章，风笑天．中学独生子女社会化的现状——对湖北省五市镇593名中学生的调查分析．青年研究，1997（8）：7－15.

统计意义上的显著差异。但似乎“独生子女更少感到孤独”且“独生子女社会交往能力更强”，与人们的预想恰好相反。

生活技能分为生活自理能力和做家务情况两个部分。在控制了年级因素之后，生活自理能力和做家务情况都没有显著的差异。

生活目标分为学习期望和职业期望。前者没有显示出任何差异，大多数孩子都希望自己学历达到大专以上。后者则有所差异，独生子女更多地想从事脑力劳动、知识型劳动。

价值观念分为劳动观念和消费观念。与非独生子女相比，独生子女的集体劳动观念淡薄，在消费上属于享受型消费和高层次消费。

1998 年调查

在 1988 年、1996 年调查的基础上，风笑天于 1998 年将调查范围扩大至全国，对不同省份的 14 座城市中共计 1 746 名小学生家长、1 855 名中学生、1 855 名中学生家长进行了问卷调查。

总体来说，其调查结果和 1996 年大致相似。独生子女青少年的社会化状况与同龄非独生子女基本一致，二者之间的相同之处远远多于不同之处。在同龄非独生子女的参照系下，在本研究所涉及的经验指标范围内，可以认为：中国第一代独生子女青少年的社会化发展是正常的，他们身上并不存在与普通儿童大不相同的人格缺陷，他们并非为一代“问题儿童”。

在 1988 年、1996 年、1998 年三项大型调查的基础上，风笑天得出了一个著名的结论：被一些研究所描绘的众多“属于独生子女的”特征、现象和问题，实际上是 20 世纪 80 年代改革开放以来与中国社会巨大变革一起成长的新一代城市青少年的整体特征、普遍现象和共同问题。因此，在一定意义上，目前的中国独生子女研究，实质上已经是对现代背景条件下的青少年的一般研究。在看待和认识一代独生子女的成长与发展时，不能忽略和轻视与他们“共同成长的”中国社会。应该看到，在中国第一代独生子女青少年与正在向现代化转变的中国社会之间，存在着一种密不可分的联系。正是自 20 世纪 80 年代以来急剧变迁的中国社会产生、包含、影响和造就了这一代新的中国公民①。

独生子女的社会适应、婚姻家庭和养老问题

风笑天在21世纪初的一篇重要论文《中国独生子女研究：回顾与前瞻》中指出，由于第一代独生子女已经成长为青年，未来的研究应更多地放在他们的社会适应、婚姻家庭和养老等问题上②。

独生子女的社会适应

风笑天于2004年在全国12个城市进行了抽样调查，以15类行业中的青年人为样本，共计1 786个样本。

总体上看，在本研究所论及的青年社会适应的五个方面中，独生子女与非独生子女在人际关系适应、恋爱婚姻适应以及心理适应三个方面完全没有差别。在职业适应方面，刚刚成年就参加工作的、非常年轻的独生子女，可能会表现出与同龄非独生子女的明显差别，而两类青年总体在职业适应方面的差别则主要是由于工龄的不同所导致。在控制了工龄的影响后，两类青年职业适应方面的差异就完全消失了。在独立生活方面，独生子女的适应状况则根据其婚姻状况的不同而有所不同。未婚独生子女的生活适应状况明显不及未婚非独生子女，而已婚独生子女的生活适应状况则与已婚非独生子女完全没有差别。

综合上述情况，可以认为，青年独生子女总的社会适应状况与同龄非独生子女相差无几。青年独生子女社会适应状况不如同龄非独生子女的看法没有获得证实。总的研究结论不支持独生子女不适应社会的负面偏见③。

独生子女的婚姻家庭

同样利用2004年的调查结果，风笑天分析了第一代独生子女的婚

---

① 风笑天．独生子女青少年的社会化过程及其结果．中国社会科学，2000（6）：118－131.

② 风笑天．中国独生子女研究：回顾与前瞻．江海学刊，2002（5）：90－99.

③ 风笑天．中国第一代城市独生子女的社会适应．教育研究，2005（10）：28－34.

后生活情况。

结果表明，第一代独生子女与同龄的非独生子女既有相同的地方，也有不一致的地方。他们婚后小家单独居住的比例高达2/3，而与老年父母共同居住的比例只有1/3左右。这是他们与同龄非独生子女相同的地方。但是，在与老年父母共同居住的那一部分青年中，独生子女平均一半与男方父母同住，另一半与女方父母同住；而非独生子女则基本上都是与男方父母共同居住。

这显示出一种在婚后居住方式上的“男女平等”现象，或“从夫居和从妻居相对平衡”的现象。如果在今后的研究中这种趋势越来越明显的话，那么它将逐步打破传统的居住方式及其这种方式所依据的男性为主的文化理念，形成一种淡化了性别、淡化了从夫居规范和习俗的新的文化理念。这正是这种居住方式变化最重要的社会意义①。

独生子女与养老

利用上述2004年的数据和其他相关数据，风笑天提出了独生子女家庭的养老特点将从“依赖养老”转向“独立养老”。

当代独生子女家庭养老面临着严重的现实困境，主要原因是现实社会已失去了传统中国家庭养老模式的客观基础。在这种情况下，独生子女父母老年保障中一项重要的任务就是转变老年人对子女赡养的依赖与期望的传统观念，全社会在提倡尊老、爱老、养老的同时，还要开展对独生子女父母的教育和宣传，让他们从观念上变“依赖养老”为“独立养老”，变“依靠子女”为“依靠自己”。

总之，除了现有的各种解决老年人晚年生活的政策和措施外，转变独生子女老年父母和准老年父母的思想观念也是一项极其重要的工作。要通过教育和宣传，让他们逐步从依赖或期望子女的“反哺”转变为依靠老年人的“自养”和老伴间的“互养”。这可以在一定程度上为解决城市独生子女家庭养老问题提供一条新的途径。当然，与此相配套的

---

① 风笑天．第一代独生子女婚后居住方式：一项12城市的调查分析．人口研究，2006，30（5）：57－63.

是，全社会要努力创造条件，为提高老年人自养以及他们与配偶互养的能力提供各种物质的、制度的以及舆论的社会化服务①。

独生子女研究的未来展望

在21世纪第一个十年过去之后，风笑天对独生子女研究的未来做了发人深省的展望。

多学科融合

对中国独生子女问题的研究要从独生子女自身的层面、独生子女家庭的层面、独生子女与社会之间关系的层面展开，各个层面所涉及的内容既兼顾到独生子女人口的各种客观现实及相关现象，又紧密结合社会学、人口学、心理学、教育学、青年学、社会保障等多种学科的学术视野。这种宏观与微观结合、学科视野和现实问题结合的框架，既从宏观上探讨独生子女与中国社会之间的关系，探讨独生子女人口对中国社会的影响，同时也从微观上探讨独生子女的心理特点、教育、社会化、社会适应、家庭结构、家庭变迁等内容②。

新问题

（1）独生子女的社会影响研究。庞大的独生子女人口必然会对社会带来复杂的影响，只有把这一人口现象视为研究变量，将其置于社会结构的空间中，才可能发现这一现象所引起的结构要素的变动及其功能变迁。

（2）成年独生子女和“独二代”研究。在“独二代”研究方面，当第一代独生子女成婚成家、需要养育自己的下一代时，社会各界普遍存在着既担忧独生子女能否成功扮演父母角色，能否承担生儿育女的责任，

① 风笑天．从“依赖养老”到“独立养老”——独生子女家庭养老观念的重要转变．河北学刊，2006，26（3）：83－87.

② 风笑天．中国独生子女问题：一个多学科的分析框架．浙江学刊，2008（2）：180－185.

也担忧“独二代”在父辈与子辈都是独生子女的家庭中能否健康成长。

（3）农村独生子女研究。城镇和农村独生子女在产生机制上是存在差异的。城镇独生子女更多的是国家通过“单位制”推行独生子女政策的结果，农村独生子女则更多地表现出育龄父母自主选择的结果。农村独生子女在类型上比城镇独生子女更复杂，既有和城镇一样的独生子女政策下的独生子女，还有“一胎半”“二胎”政策下的独生子女。而且，我国的城镇和农村在国家政策与治理方式、生产生活方式和文化价值观念上存在明显的“二元”特征。相比较城镇独生子女而言，农村独生子女在出生、成长过程中所遇到的各种问题，给家庭、社区和社会结构各层面所带来的影响都可能是不一样的。开展农村独生子女研究，既可以检验已有的城镇独生子女研究的结论，又可能获得意想不到的研究结论，为我国的独生子女研究注入新的活力①。

① 肖富群，风笑天．我国独生子女研究30年：两种视角及其局限．中州学刊，2010(4)：45－52.

参考文献

[1] Hatfield, Elaine, Richard L. Rapson, Katherine Aumer-Ryan. Social Justice in Love Relationships: Recent Developments. *Social Justice Research*, 2008, 21 (4): 413 -431.

[2] W. D. 珀杜，著. 贾春增，等，译. 西文社会学：人物 学派 思想. 石家庄：河北人民出版社，1992.

[3] Wallace, Walter L. *The Logic of Science in Sociology*. Aldine Atherton, 1971.

[4] Weller，范丽珠，陈纳，Madsen，郑筱筠，刘芳．制度性宗教 VS 分散性宗教——关于杨庆堃《中国社会中的宗教》的讨论. 世界宗教文化 2010，2010 (5): 40 -46.

[5] 艾尔·巴比，著. 邱泽奇，译. 社会研究方法. 11 版. 北京：华夏出版社，2009.

[6] 艾伦·G. 约翰逊，著. 喻东，金梓，译. 见树又见林：社会学与生活．北京：中国人民大学出版社，2008.

[7] 安东尼·吉登斯，菲利普·萨顿，著. 赵旭东等，译. 社会学. 7 版. 北京：北京大学出版社，2015.

[8] 安东尼·吉登斯，著. 李康，译．社会学. 5 版. 北京：北京大学出版社，2009.

[9] 彼得·伯格，著. 何道宽，译．与社会学同游．北京：北京大学出版社，2014.

[10] 戴维·波普诺，著. 李强，译．我们身处的世界——波普诺社会学．北京：中国人民大学出版社，2014.

[11] 赖特·米尔斯，著. 李康，译．社会学的想象力．北京：北京师范

大学出版社，2017.

[12] 兰德尔·柯林斯，迈克尔·马科夫斯基，著. 李霞，译. 发现社会之旅. 北京：中华书局，2006.

[13] 劳伦斯·纽曼，著. 郝大海，译. 社会研究方法：定性和定量的取向. 北京：中国人民大学出版社，2007.

[14] 雷蒙·阿隆，著. 葛志强等，译. 社会学主要思潮. 上海：上海译文出版社，2005.

[15] 理查德·谢弗，著. 刘鹤群等，译. 社会学与生活. 9 版. 北京：世界图书出版公司，2008.

[16] 刘易斯·A. 科塞，著. 石人，译. 社会思想名家. 上海：上海人民出版社，2007.

[17] 罗兰·米勒，丹尼尔·珀尔曼，著. 王伟平，译. 亲密关系. 5 版. 北京：人民邮电出版社，2011.

[18] 马克斯·韦伯，著. 于晓等，译. 新教伦理与资本主义精神. 北京：生活·读书·新知三联书店，1987.

[19] 马克斯·韦伯，著. 康乐，简惠美，译. 宗教社会学：宗教与世界. 桂林：广西师范大学出版社，2011.

[20] 迈克尔·休斯，卡罗琳·克雷勒，著. 周杨，等，译. 社会学导论. 上海：上海社会科学院出版社，2011.

[21] 曼纽尔·卡斯特，著. 夏铸九等，译. 网络社会的崛起. 北京：社会科学文献出版社，2006.

[22] 曼纽尔·卡斯特，著. 夏铸九，黄慧琦等，译. 千年终结. 北京：社会科学文献出版社，2006.

[23] 帕特里克·贝尔特，著. 翟铁盆，译. 二十世纪的社会理论. 上海：上海译文出版社，2005.

[24] 乔纳森·特纳，著. 邱泽奇等，译. 社会学理论的结构. 北京：华夏出版社，2006.

[25] 乔恩·威特，著. 林聚仁等，译. 社会学的邀请. 2 版. 北京大学出版社，2014.

[26] 乔恩·罗森，著. 王琴卉，译. 千夫所指：社交网络时代的道德

制裁．北京：九州出版社，2016.

［27］亚历克斯·蒂奥，著．丛霞，译．大众社会学．7 版．北京：人民邮电出版社，2012.

［28］英国 DK 出版社，著．郭娜，译．DK 社会学百科．北京：电子工业出版社，2016.

［29］约翰·D. 卡尔，著．刘铎等，译．社会学：认识社会把握自我．北京：中国人民大学出版社，2014.

［30］詹姆斯·M. 汉斯林，著．林聚任，解玉喜等，译．社会学导引——一条务实的路径．上海：上海人民出版社，2014.

［31］陈彬．杨庆堃的宗教社会学理论述评．宗教学研究，2009（2）：164－168.

［32］陈卫，刘金菊．社会研究方法概论．北京：清华大学出版社，2015.

［33］董金权，姚成．择偶标准：二十五年的嬗变（1986—2010）——对 6612 则征婚广告的内容分析．中国青年研究，2011（2）：73－78.

［34］范丽珠，李向平，周越，陈进国，郑筱筠．对话民间信仰与弥散性宗教．世界宗教文化，2013（6）：31－39.

［35］费孝通．小城镇四记．北京：新华出版社，1985.

［36］费孝通．江村经济．南京：江苏人民出版社，1986.

［37］费孝通．乡土中国：生育制度．北京：北京大学出版社，1998.

［38］风笑天．父母眼里的独生子女．社会，1991（7）：27－29.

［39］风笑天．偏见与现实：独生子女教育问题的调查与分析．社会学研究，1993（1）：93－99.

［40］风笑天．独生子女青少年的社会化过程及其结果．中国社会科学，2000（6）：118－131.

［41］风笑天．中国独生子女研究：回顾与前瞻．江海学刊，2002（5）：90－99.

［42］风笑天．社会研究方法．2 版．北京：中国人民大学出版社，2005.

［43］风笑天．中国第一代城市独生子女的社会适应．教育研究，2005（10）：28－34.

［44］风笑天．第一代独生子女婚后居住方式：一项 12 城市的调查分

析. 人口研究，2006，30（5）：57－63.

[45] 风笑天. 从“依赖养老”到“独立养老”——独生子女家庭养老观念的重要转变. 河北学刊，2006，26（3）：83－87.

[46] 风笑天. 中国独生子女问题：一个多学科的分析框架. 浙江学刊，2008（2）：180－185.

[47] 风笑天. 社会研究方法. 4 版. 北京：中国人民大学出版社，2013.

[48] 冯波. 西方古典社会学理论. 北京：中国传媒大学出版社，2016.

[49] 甘阳.《江村经济》再认识. 读书，1994（10）：52－59.

[50] 郝玉章，风笑天. 中学独生子女社会化的现状——对湖北省五市镇 593 名中学生的调查分析. 青年研究，1997（8）：7－15.

[51] 何睿. 网络社会下的空间与时间新类型——曼纽尔·卡斯特空间时间观点述评. 新闻世界，2014（12）：97－99.

[52] 胡安宁. 民间宗教的社会学人类学研究：回顾与前瞻. 中国农业大学学报（社会科学版），2012，29（1）：61－72.

[53] 金耀基，范丽珠. 研究中国宗教的社会学范式：杨庆堃眼中的中国社会宗教. 社会，2007，27（1）：1－13.

[54] 金泽. 民间信仰的聚散现象初探. 文史哲，2006，146（1）：7－9.

[55] 李华伟. 论杨庆堃对“民间信仰”与“弥散型宗教”的研究：贡献、问题与超越. 宗教人类学，2015.

[56] 李培林，李强，马戎. 社会学与中国社会. 北京：社会科学文献出版社，2008.

[57] 理查德·谢弗，著. 赵旭东，译. 社会学与生活. 11 版. 北京：世界图书出版公司，2011.

[58] 刘创楚，杨庆堃. 中国社会从不变到巨变. 香港：香港中文大学出版社，1989.

[59] 刘大为. “分散性”还是“总体性”：总体性社会中的宗教形态——从涂尔干的宗教起源分析谈起. 广西师范大学学报（哲学社会科学版），2016，52（4）：145－151.

[60] 刘豪兴. 费孝通社会学学术思想述评. 中国社会科学，1988（3）：153－168.

[61] 刘少杰．后现代西方社会学理论．北京：北京大学出版社，2014.

[62] 刘世定．《乡土中国》与“乡土”世界．北京大学学报（哲学社会科学版），2007，44（5）：121－130.

[63] 陆益龙．定性社会研究方法．北京：商务印书馆，2011.

[64] 邱泽奇．社会学是什么．北京：北京大学出版社，2002.

[65] 宋林飞．费孝通小城镇研究的方法与理论．南京大学学报（哲学·人文科学·社会科学），2000（5）：11－18.

[66] 孙庆忠．论杨庆堃先生的中国宗教观．中山大学学报（社会科学版），2001，41（4）：69－74.

[67] 孙庆忠．杨庆堃的社会学研究及对中国社会学发展的贡献．河北学刊，2012，32（6）：111－116.

[68] 唐利平，风笑天．第一代农村独生子女父母养老意愿实证分析——兼论农村养老保险的效用．人口学刊，2010（1）：34－40.

[69] 王俊秀．社会心态：转型社会的社会心理研究．社会学研究，2014（1）：104－24.

[70] 王铭铭，杨清媚．费孝通与《乡土中国》．中南民族大学学报（人文社会科学版），2010，30（4）：1－6.

[71] 王思斌．社会学教程．北京：北京大学出版社，2010.

[72] 肖富群，风笑天．我国独生子女研究 30 年：两种视角及其局限．中州学刊，2010（4）：45－52.

[73] 谢俊贵．凝视网络社会——卡斯特尔信息社会理论述评．湖南师范大学社会科学学报，2001，30（3）：41－47.

[74] 谢宇．社会学方法与定量研究．北京：社会科学文献出版社，2006.

[75] 谢宇，胡婧炜，张春泥．中国家庭追踪调查：理念与实践．社会，2014，34（2）：1－32.

[76] 杨宏峰．何谓社会学．北京：中央编译出版社，2010.

[77] 杨庆堃．中国社会中的宗教．上海：上海人民出版社，2007.

[78] 杨庆堃．走进社会学．北京：电子工业出版社，2016.

[79] 张静．社会学论文写作指南．上海：上海人民出版社，2008.

[80] 赵刚．知识分子米尔斯先生．读书，2003（11）：3－12.

[81] 赵刚. 知识之锚. 桂林：广西师范大学出版社，2005.

[82] 赵孟营. 社会学基础. 北京：高等教育出版社，2008.

[83] 周飞舟. 从"志在富民"到"文化自觉"：费孝通先生晚年的思想转向. 社会，2017，37（4）：87－143.

[84] 周晓虹. 文化反哺：变迁社会中的亲子传承. 社会学研究，2000（2）：57.

[85] 周晓虹. 西方社会学历史与体系. 上海：上海人民出版社，2002.

[86] 周晓虹. 中国人社会心态六十年变迁及发展趋势. 河北学刊，2009，29（5）1－6.

[87] 周晓虹. 中国体验、社会转型与国民心态笔谈——中国体验的现实性与独特性. 江苏行政学院学报，2012（5）：61－64.

[88] 周晓虹. 转型时代的社会心态与中国体验——兼与《社会心态：转型社会的社会心理研究》一文商榷. 社会学研究，2014（4）：1－23.

[89] 周晓虹. 社会学与中国研究. 南京：南京大学出版社，2011.

[90] 周晓虹，等. 中国体验——全球化、社会转型与中国人社会心态的嬗变. 北京：社会科学文献出版社，2017.